UTB 4313

W0074116

Eine Arbeitsgemeinschaft der Verlage

Böhlau Verlag · Wien · Köln · Weimar
Verlag Barbara Budrich · Opladen · Toronto
facultas · Wien
Wilhelm Fink · Paderborn
A. Francke Verlag · Tübingen
Haupt Verlag · Bern
Verlag Julius Klinkhardt · Bad Heilbrunn
Mohr Siebeck · Tübingen
Nomos Verlagsgesellschaft · Baden-Baden
Ernst Reinhardt Verlag · München · Basel
Ferdinand Schöningh · Paderborn
Eugen Ulmer Verlag · Stuttgart
UVK Verlagsgesellschaft · Konstanz, mit UVK / Lucius · München
Vandenhoeck & Ruprecht · Göttingen · Bristol
Waxmann · Münster · New York

Stark fürs Studium

herausgegeben von
Helga Esselborn-Krumbiegel

NINA MEISTER

Die mündliche Prüfung meistern

Ein Ratgeber aus der Praxis

FERDINAND SCHÖNINGH

Die Autorin:
Dr. Nina Meister ist seit 2004 wissenschaftliche Mitarbeiterin am Institut für Erziehungswissenschaft der Johannes Gutenberg-Universität Mainz. Neben Lehr- und Forschungstätigkeiten im Bereich der Schulpädagogik prüft, betreut und berät sie Prüfungskandidaten. Durch ihre eigene berufliche Biographie (Lehramtsstudium, Referendariat, Diplomstudium, Promotion) ist sie mit den Herausforderungen von mündlichen Prüfungen – sowohl als Prüfungskandidatin als auch in der Rolle der Prüferin – bestens vertraut.

Umschlagillustration: Roberto Chessa

Online-Angebote oder elektronische Ausgaben sind erhältlich unter **www.utb-shop.de**

Bibliografische Information der Deutschen Nationalbibliothek

Die Deutsche Nationalbibliothek verzeichnet diese Publikation in der Deutschen Nationalbibliografie; detaillierte bibliografische Daten sind im Internet über http://dnb.d-nb.de abrufbar.

© 2015 Ferdinand Schöningh, Paderborn
(Verlag Ferdinand Schöningh GmbH & Co. KG, Jühenplatz 1, D-33098 Paderborn)

Internet: www.schoeningh.de

Printed in Germany.
Herstellung: Ferdinand Schöningh, Paderborn
Einbandgestaltung: Atelier Reichert, Stuttgart

UTB-Band-Nr: 4313
ISBN 978-3-8252-4313-5

Inhalt

Wie Ihnen dieses Buch hilft   7

1. Gut vorbereitet ist halb gewonnen   9

    1.1   Formale Aspekte der Prüfung   10
    1.2   Die Prüfer   13
    1.3   Die Themenwahl   23
    1.4   Familie, Freunde und Kommilitonen   29
    1.5   Die Zeitplanung   30

2. Dynamisches Lernen   37

    2.1   Lerntipps   38
    2.2   Die 3D-Strategie   41
    2.3   Zum Umgang mit Literatur   52
    2.4   Partnerarbeit, Gruppenarbeit oder Alleingang? . . .   53
    2.5   Thesenpapier, Gliederung, Mind-Map und
          Literaturliste   57

3. Problemlösungen in der Vorbereitungsphase   67

    3.1   Schlechte Planung und Zeitdruck   68
    3.2   Motivationstief   72
    3.3   Aufschiebeverhalten   78
    3.4   Prüfungsangst   85
    3.5   Krankheit, Krisen oder Schicksalsschläge   91

4. Der Endspurt vor der Prüfung   95

    4.1   Die Tage vor der Prüfung   95
    4.2   Der Prüfungstag   102

5. Das Prüfungsgespräch 105

    5.1   Tipps zur Gesprächsführung 106
    5.2   Die wichtigen ersten Minuten. 114
    5.3   Der Prüfungsverlauf 122
    5.4   Der Abschluss. 125
    5.5   Nachgespräch und Notenverkündung. 127
    5.6   Die Rolle des Protokollanten. 130
    5.7   Die Note. 132

6. Nach der Prüfung. 139

    6.1   Analyse und Auswertung 141
    6.2   Durchgefallen – Wie geht es weiter?. 144

Zu guter Letzt: viel Erfolg! 151

Literaturverzeichnis 153

Wie Ihnen dieses Buch hilft

Sie werden in absehbarer Zeit eine mündliche Prüfung absolvieren. Dies ist aus zwei Gründen sehr erfreulich: Sie haben bewiesen, dass Sie ein langjähriges Studium erfolgreich durchlaufen und sich für die Prüfung qualifiziert haben. Und Ihnen steht eine *mündliche* Prüfung bevor, die im Unterschied zu einer schriftlichen Prüfung deutliche Vorteile mit sich bringt.

Dieser Ratgeber bietet Ihnen eine bündige Anleitung zur Vorbereitung auf mündliche Prüfungen. Diese unterscheiden sich in vielen Aspekten von schriftlichen Prüfungen, sind häufig angstbesetzter und schwieriger einschätzbar, ermöglichen aber auch mehr Einflussnahme seitens der Prüfungskandidaten. Eine mündliche Prüfung erfordert deshalb eine durchdachte Vorbereitung, die auf die Anforderungen der Prüfungssituation und Ihre persönlichen Voraussetzungen abgestimmt ist. Wenn Sie die Besonderheiten der mündlichen Prüfung kennen und berücksichtigen, können Sie diese zu Ihrem Vorteil nutzen.

Dieser Ratgeber hilft Ihnen mit wertvollem Hintergrundwissen aus der Praxis und auf den Punkt gebrachten Strategien, Anleitungen und Tipps dabei, die Prüfung bestmöglich zu meistern!

Sie werden unter anderem erfahren:

- was Sie bei den formalen Vorbereitungen berücksichtigen sollten (Kapitel 1).
- wie Sie Ihre Prüfungsthemen zielgerichtet und intensiv erarbeiten können (Kapitel 2).
- welche Problemlösungen sich bei Hindernissen in der Vorbereitungsphase bewährt haben (Kapitel 3).
- wie Sie die Endspurtphase stressfrei gestalten können (Kapitel 4).

- was ein Prüfungsgespräch auszeichnet und wie Sie schwierige Situationen souverän und flexibel bewältigen können (Kapitel 5).
- wie Sie Ihre Prüfung analysieren und welche Alternativen sich im Falle des Nicht-Bestehens bieten (Kapitel 6).

Die einzelnen Kapitel sind kompakt gehalten, damit Sie sie zügig lesen und die Empfehlungen rasch umsetzen können. Die Schwerpunkte liegen in den für eine mündliche Prüfung besonders wichtigen Themen: der Vorbereitung, der Lernstrategie und dem Prüfungsgespräch. Weitere Themenbereiche werden in diesem Ratgeber bewusst knapp und auf das Wesentliche konzentriert dargestellt. Sie finden bei Bedarf im Literaturverzeichnis hilfreiche, weiterführende Lektüreempfehlungen, beispielsweise zum Zeitmanagement, zur Prüfungsangst oder zum Aufschiebeverhalten.

Ergänzt werden die einzelnen Kapitel durch Bausteine, die Ihnen den Zugang zum Thema erleichtern, wie zum Beispiel Checklisten, Übungen und Tipps. Eine Besonderheit stellen die Bausteine „Aus der Praxis" und „Vorsicht Fettnäpfchen" dar. Dort beschreibe ich meine Erfahrungen aus der Prüfungspraxis und stelle typische Fettnäpfchen vor, die es zu vermeiden gilt.

Damit sich der Text flüssig liest, verzichte ich auf eine Schreibweise, die beide Geschlechter einbezieht – zum Beispiel „Prüfungskandidat/innen" oder „Prüferinnen und Prüfer" – sondern wähle die Geschlechtsformulierungen nach dem Zufallsprinzip. Wenn nicht anders vermerkt, sind grundsätzlich beide Geschlechter gemeint.

1. Gut vorbereitet ist halb gewonnen

1.1 Formale Aspekte der Prüfung
1.2 Die Prüfer
1.3 Die Themenwahl
1.4 Familie, Freunde und Kommilitonen
1.5 Die Zeitplanung

Zu einer umfassenden Prüfungsvorbereitung gehören formal-organisatorische, inhaltliche und zwischenmenschliche Aspekte. Die Darstellung veranschaulicht die einzelnen Elemente:

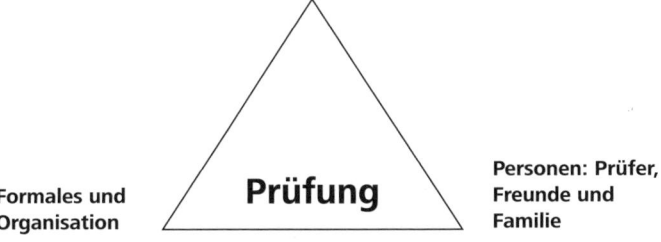

Abbildung 1: Prüfungsdreieck

Die Formalitäten rund um die Prüfung sind in den Studien- und Prüfungsordnungen geregelt, sowie in den Vorgaben des Instituts und denen der Prüfer. Sie sind damit weitestgehend festgelegt. Innerhalb dieser Vorgaben bestehen gewisse Spielräume, zum Beispiel was (Nachhol-)fristen oder Scheinnachreichungen angeht. Diese sollten Ihnen bekannt sein (vgl. folgendes Kapitel) – zumindest sollten Sie wissen, wo Sie diese Informationen finden.

Was das Prüfungsthema und die Prüferwahl betrifft, sind verschiedene Varianten möglich. Diese können von einer freien Prüfer- und Themenwahl bis hin zu einem festgelegten Themenkatalog und zugeteilten Prüfern reichen. Doch in jedem denkbaren Szenario haben Sie Einfluss: Bei der Themenwahl können Sie oft nach eigenen Vorlieben Schwerpunktsetzungen, Themenerweiterungen oder -eingrenzungen vornehmen oder ein Spezialthema wählen. Es lohnt sich also, im Rahmen der Möglichkeiten, mit den Prüfern diesbezüglich zu verhandeln.

1.1 Formale Aspekte der Prüfung

Viele Studierende haben nur eine vage Vorstellung davon, welche formalen Anforderungen bei einer Prüfung erfüllt werden müssen. Sie verlassen sich auf das, was sie nebenbei aufschnappen oder Kommilitonen ihnen erzählen und werden spätestens bei der Anmeldung zur Prüfung eiskalt erwischt, wenn zum Beispiel Wissenslücken auftauchen, Scheine fehlen, Praktikumsberichte nicht attestiert oder Fristen verpasst wurden. Nicht selten muss aus solchen Gründen eine Prüfung verschoben oder sogar ein weiteres Semester angehängt werden, mit den verbundenen Nachteilen wie Studiengebühren, Mietkosten, längere Studiendauer im Lebenslauf oder verpasste Einstellungsfristen z.B. für das Referendariat.

1.1.1 Studien- und Prüfungsordnungen

Im Idealfall haben Sie sich bereits zu Beginn des Studiums mit Ihrer Studienordnung befasst und zu gegebener Zeit auch die Prüfungsordnung gelesen. Falls Sie dies noch nicht getan haben, sollten Sie sich spätestens in der Vorbereitungsphase mit der aktuellen Studien- und Prüfungsordnung vertraut machen und die Prüfung planen. Mittlerweile lassen sich die Studien- und Prüfungsordnungen fast immer online auf der Homepage des jeweiligen Instituts oder Fachbereichs einsehen und herunterladen. Gedruckte Exemplare erhalten Sie im Prüfungsamt, manchmal auch im Dekanat oder Institutssekretariat. Achten Sie darauf, dass es sich um die aktuelle, gültige Fassung handelt und ob diese um Zusätze ergänzt wurde. Lesen Sie alles gründlich durch und scheuen Sie sich nicht, offene Fragen im Sekretariat oder Prüfungsamt zu klären. So sind Sie auf der sicheren Seite und müssen sich nicht auf zweifelhafte Informationen verlassen, die Sie vom Hörensagen kennen.

TIPP

Lesen Sie die aktuelle Studien- und Prüfungsordnung und klären Sie alle offenen Fragen!

1.1.2 Empfehlungen des Fachbereichs und der Prüfer

Neben formalen Vorgaben gibt es häufig auch informelle Empfehlungen der einzelnen Arbeitsgruppen und Prüfer zum Studium, zur Prüfungsvorbereitung sowie Informationen zu Lehr- und Forschungsschwerpunkten. Schauen Sie sich diese auf jeden Fall an, z.B. auf der Homepage oder am schwarzen Brett.

Besonders wichtig ist die Homepage der Prüfer, wo Sie nicht nur relevante Informationen zur Person finden (vgl. auch Kapitel 1.2), sondern meist auch Forschungsschwerpunkte, Themen der Lehre, Literaturempfehlungen, Prüfungsmodalitäten, Termine für Sprechstunden, Kolloquien und mehr.

 **TIPP**

Beachten Sie die Homepage des Instituts und Ihrer Prüfer. Bereiten Sie schriftlich Fragen für den Besuch der Sprechstunde oder des Prüfungskolloquiums vor.

Spätestens vor dem Besuch der Sprechstunde sollten Sie sich informiert haben, um sinnvolle Fragen stellen zu können. Der erste Eindruck hat viel Gewicht und ein vorbereiteter Prüfungskandidat wirkt gewissenhaft und souverän. Schon mit wenigen Vorkenntnissen über die Biographie des Prüfers oder dessen Forschungsschwerpunkte können Sie gezielt die richtigen Fragen stellen und positiv auffallen.

Informieren Sie sich auch über diese formalen Aspekte der Prüfung:

- Wie viele Themen werden geprüft und sind die Themen frei wählbar?
- Dürfen Schwerpunkte gesetzt werden und wie viele?
- Wie viele Prüfer/innen prüfen? Werden diese zugeteilt oder können Sie frei wählen? Wer ist sonst noch anwesend (Beisitzer, Protokollant) oder darf anwesend sein (z.B. Gasthörer, Beobachter)?
- Wann (Datum, genaue Uhrzeit) und wo (Gebäude, Raumnummer) findet die Prüfung statt, wie lange dauert sie insgesamt und wie lange dauern die einzelnen Prüfungsteile?
- Gibt es einen Kriterienkatalog für die Benotung der Prüfungsleistung, z.B. auf der Homepage des Instituts oder des Prüfers?

- Ist in der Prüfungsordnung das Vorgehen für folgende Fälle aufgeführt?
  - Nicht-Bestehen und Wiederholen der Prüfung (Fristen, Anträge, Atteste etc.)
  - Verschieben der Prüfung (Gründe, Fristen etc.)
  - Einspruch gegen die Prüfung und/oder die Benotung
  - Sind Gasthörer erlaubt? (vgl. Kapitel 3.4 Prüfungsangst)

1.2 Die Prüfer

Wenn Sie in der glücklichen Lage sind, Ihre Prüfer und Themen frei wählen zu können, haben Sie einen nicht zu unterschätzenden Vorteil gegenüber einem Zuteilungsverfahren. Bei der Auswahl der Prüfer und der Themen gilt es, einiges zu beachten, um diesen Vorteil voll nutzen zu können.

1.2.1 Auswahl und Kennenlernen der Prüfer

Grundsätzlich sind bei der Prüferwahl zwei Vorgehensweisen denkbar:
- Sie entscheiden sich zuerst für das Prüfungsthema oder für mehrere Themen und wählen einen Prüfer, der dieses Thema auch prüft. Dieses Vorgehen ist empfehlenswert, wenn Sie sich im Studium intensiv mit einer Thematik oder einem Spezialgebiet auseinandergesetzt und fundiertes Detailwissen erworben haben. Alternativ finden Sie das Thema so spannend, dass Sie bereit und fähig sind, in der Vorbereitungsphase viel Zeit in die Einarbeitung zu investieren.

- Sie wählen zunächst einen Prüfer aus und überlegen sich dann, welche Themen in Frage kommen. Dieses Vorgehen eignet sich insbesondere, wenn Sie im Studium ein eher breit gefächertes Wissen erworben haben, thematisch nicht sehr festgelegt sind oder der Prüfer Experte in einem Thema ist, das Sie sich als Prüfungsthema vorstellen könnten. Das Kriterium darf aber auch einfach Sympathie sein, was natürlich nicht zwangsläufig zu einer guten Note führt.

Beide Vorgehensweisen haben Vor- und Nachteile, allerdings dürfte den meisten Studierenden die zweite Variante mehr Vorteile verschaffen. Meiner Erfahrung nach ist der wechselseitige Respekt oder auch Sympathie zwischen Prüfer und Prüfungskandidat besonders wichtig, ebenso ein ähnlicher Kommunikationsstil. Wenn Sie unsicher sind, für welchen Prüfer Sie sich entscheiden sollen oder Ihnen ein Prüfer zugeteilt wurde, den Sie nicht kennen, sollten Sie möglichst viele Informationen über ihn einholen, zum Beispiel durch den Besuch einer seiner Veranstaltungen.

Diese Fragen können Ihnen bei der Auswahl oder dem Kennenlernen des Prüfers hilfreich sein:

- Ist mir dieser Prüfer sympathisch? Kann ich annehmen, dass auch er mich sympathisch findet?
- Gibt es kritische Charakterzüge, die mich irritieren oder einschüchtern? Dies können zum Beispiel Stimmungsschwankungen sein, cholerische Anfälle, Unberechenbarkeit, Überheblichkeit, latente Frauenfeindlichkeit oder dass er andere kaum zu Wort kommen lässt.
- Kenne ich ihn schon aus Veranstaltungen und komme ich mit seiner Art der Kommunikation klar?

- Wie argumentiert er?
- Verstehen Sie seine Fragen? Drückt er sich klar aus?
- Wie geht er mit kritischen Fragen um?
- Wie reagiert er auf falsche oder provokante Beiträge von Studierenden?
- Neigt er zum Ausschweifen und hört er sich selbst gern reden?
- Führt er Studenten gerne „aufs Glatteis"?

- Welchen Ruf hat der Prüfer und was erzählen Studierende, die bei ihm schon geprüft wurden? Auch hier ist Vorsicht geboten, was den Wahrheitsgehalt betrifft. Enttäuschte Studierende schmücken ihre Prüfungserlebnisse häufig drastisch aus.
- Welche Anforderungen an die Vorbereitung stellt der Prüfer: Wie viel Literatur muss gelesen werden? Muss oder kann eine Gliederung, ein Thesenpapier oder eine Mind-Map einige Zeit vor der Prüfung vorgelegt werden? Darf ein solches Papier IN der Prüfung auf dem Tisch liegen? Wird eine Veranstaltung zur Prüfungsvorbereitung angeboten und wenn ja: Ist diese verpflichtend?

Wenn Sie eine Veranstaltung des Prüfers besuchen, sollten Sie diese auch nutzen, um positiv aufzufallen. Dies können Sie durch kluge Fragen oder Diskussionsbeiträge machen oder indem Sie im Anschluss an die Veranstaltung das Gespräch mit dem Dozenten suchen. Sollten Sie nicht die Möglichkeit haben, den potentiellen Prüfer „live" zu erleben, können Sie sich zumindest einige seiner Publikationen ansehen, um einen Eindruck von seinem Schreibstil zu bekommen. Dieser lässt oft Rückschlüsse auf seine Sprechweise zu und hilft Ihnen bei der Einschätzung, ob Sie damit in der Prüfung klarkommen würden.

1.2.2 Zuteilungsverfahren

Wenn Sie die Prüfer nicht selbst auswählen können, entscheidet letztendlich der Zufall: Mit etwas Glück, bekommen Sie Ihren Wunschprüfer zugeteilt oder einen Prüfer, mit dem Sie gut leben können. Wenn Sie Pech haben, bekommen Sie einen Prüfer, den Sie kennen und nicht besonders schätzen. Oder aber es wird Ihnen ein Prüfer zugeteilt, den Sie überhaupt nicht oder nur vom Hörensagen kennen. Dann ist besondere Vorsicht geboten und Sie sollten sich nicht auf vage Informationen verlassen.

Wenn Sie Ihren Wunschprüfer bekommen haben, gehen Sie am besten so vor, wie zu Beginn des Kapitels beschrieben. Falls Ihnen ein Prüfer zugeteilt wurde, den Sie nicht mögen – oder schlimmer noch Sie beide sich nicht mögen – sind Sie besonders herausgefordert. Möglicherweise gab es zwischen Ihnen im Verlauf des Studiums schon eine unangenehme Vorgeschichte. Je nach Schwere des Konflikts sollten Sie abwägen, ob eine Prüfung bei dieser Person sinnvoll ist oder ob Sie versuchen sollten, beim Prüfungsamt einen Antrag auf Prüferwechsel zu stellen. Vor diesen Überlegungen sollte aber immer das direkte Gespräch mit dem Prüfer stehen. Meist lassen sich Unstimmigkeiten im Gespräch lösen.

1.2.3 „Milder" oder „strenger" Prüfer?

Ob ein Prüfer als „mild" oder „streng" gilt, bezieht sich in erster Linie auf die Schwierigkeit, eine sehr gute Note bei ihm zu erlangen. An jedem Institut gibt es Prüfer, die den Ruf haben, gute Noten „zu verschenken". Bei ihnen verlassen auffallend viele Prüfungskandidaten den Raum mit einer Eins und es fällt dort eigentlich nie jemand durch. Möglicherweise liegt das tatsächlich an den vergleichsweise niedrigen Anforderungen, die der Prüfer an das Leistungsniveau der Prüflinge stellt. Unter Umständen stellt er seit vielen Jahren dieselben Fragen zu den immer gleichen Themen, so dass sich diese unter den Studierenden herumgesprochen haben. Vielleicht bereitet er seine Prüfungskandidaten in den Kolloquien und Sprechstunden aber auch sehr gut auf das vor, was sie in der Prüfung erwartet.

Es ist meines Erachtens überhaupt nicht verwerflich, einen „milden" Prüfer aus diesen Gründen zu wählen. Dennoch sollten Sie sich überlegen, ob Sie mit den Prüfungsthemen des Prüfers klar kommen. Nichts ist zermürbender, als sich wochenlang mit Inhalten zu beschäftigen, die Sie nicht interessieren, keine Relevanz für das Studium oder das Berufsleben haben, einfach langweilig sind oder Ihnen sogar widerstreben. Eines ist sicher: Die Prüfer merken es, wenn Sie von einem Thema gelangweilt sind oder keinerlei Interesse daran haben!

 VORSICHT FETTNÄPFCHEN!

Sie sollten sich ehrlich fragen, ob Ihnen eine vermeintlich leicht zu erringende sehr gute oder gute Note wichtig ist – zu dem Preis eines Themas, das Ihnen nicht liegt – oder ob Sie die Prüfung nicht lieber als Chance zur tiefen Einarbeitung in ein spannendes Thema Ihrer Wahl sehen wollen. Damit haben Sie immer noch – oder erst recht – die Möglichkeit, eine (sehr) gute Note zu erlangen. Sollten Sie sich dennoch für einen „milden" Prüfer entscheiden, um möglichst leicht eine gute Note zu bekommen, sagen Sie ihm dies bitte nie ins Gesicht! Überlegen Sie sich im Vorfeld also einen guten anderen Grund wie z.B. Interesse am Thema, gerne seine Veranstaltung besucht etc., oder verweisen Sie auf den guten Ruf, den der Prüfer genießt.

Der „strenge" Prüfer hingegen gilt als deshalb als streng, weil er anspruchsvolle, meist sehr theoretische Themen prüft, hohe Anforderungen an die Prüfungsvorbereitung stellt, zum Beispiel was den Umfang der zu lesenden Literatur betrifft, ein Exposé oder ein ausgefeiltes Thesenpapier erwartet und selten ein „sehr gut" vergibt. Wenn Sie die angebotenen Themen und den Prüfer bereits aus Veranstaltungen kennen und mögen, möglicherweise schon einmal eine gut bewertete Hausarbeit bei ihm geschrieben haben oder anderweitig positiv aufgefallen sind, stehen die Chancen für eine gelungene Prüfung gut. Selbstverständlich wertet es Ihr Selbstwertgefühl und die Wertschätzung einer Note besonders auf, wenn Sie bei einem „strengen" Prüfer erfolgreich waren.

Manche Prüfer lassen sich auch hinsichtlich ihrer Prüfungsstrategien unterscheiden. So suchen die einen intensiv nach den Wissenslücken und stellen dementsprechend unangenehme Fragen. Sie arbeiten nach dem Motto: „Mal sehen, wann der Prüfungskandidat nicht mehr weiter weiß!" Hier bietet es sich an, möglichst wenig Raum für Fragen zu lassen und viel selbst zu sprechen. Die anderen Typen von Prüfern sind optimistisch und vertrauen auf das, was der Prüfungskandidat kann. Sie suchen nicht gezielt nach den Lücken, sondern wollen möglichst viel von dem hören, was der Prüfungskandidat weiß. Umso mehr der Kandidat selbst anbietet und umso geschickter er selbst das Gespräch steuert, desto zufriedener wird diese Art von Prüfer sein. Glücklicherweise sind diese Prüfer häufiger anzutreffen als die „Lückensucher".

Auch wenn Sie sich schon für eine Prüferin entschieden haben, sollten sie weitere Informationen einholen, um sie und ihr Prüfungsverhalten besser einschätzen zu können. Denn häufig verhalten sich Lehrende in der Prüferrolle anders als in ihren Veranstaltungen. Sonst lockere Dozentinnen, die ein freundschaftliches Verhältnis zu den Studierenden pflegen, stellen unerwartet sehr anspruchsvolle Fragen, während ein als nüchtern und streng auftretender Dozent sehr aufmunternd sein kann, sensibel die Prüfung lenkt, einfache Fragen stellt und milde benotet. Besuchen Sie die Sprechstunden und Prüfungskolloquien, um Fragen zu klären und weitere Eindrücke zu gewinnen. Aber auch wenn Sie einer Prüferin zugeteilt wurden, ist es nicht nur sinnvoll, sondern auch höflich, sich persönlich vorzustellen. Beim Sprechstundenbesuch sollten Sie prinzipiell vorbereitet sein! Auch wenn die Zeit drängt und Sie andere Dinge im Kopf haben – überlegen Sie sich zumindest ein paar Fragen und nehmen Stift und Zettel mit, um die Antworten zu notieren. Damit zeigen Sie der Prüferin, dass Sie sich Gedanken gemacht haben und sowohl die Prüfung als auch die Person der Prüferin und das, was sie Ihnen sagt, ernst nehmen. Erfahrungsgemäß wird Ihnen die Prüferin so mehr Zeit widmen und umgekehrt auch Sie ernst nehmen.

1.2.4 Kontaktaufnahme und Prüfungsvorgespräche

VORSICHT FETTNÄPFCHEN!

Sprechstunde Donnerstagnachmittag: Jemand klopft forsch an und öffnet ohne ein „Herein" abzuwarten die Tür. Ein mir unbekannter Student tritt ein, nuschelt zu Boden blickend „Hallo" und setzt sich unaufgefordert hin. In voller Montur – dicke Jacke, Mütze, Rucksack und Fahrradhelm in der Hand – erklärt er mir, dass ich ihm als Prüferin zugeteilt worden sei. Seine Prüfung fände in einer Woche statt und nun wolle er wissen, welche Themen er vorbereiten solle. Außerdem bräuchte er eine Literaturliste und wenn

> möglich einen Handapparat mit Kopiervorlagen der prüfungsrelevanten Texte. Da er neben dem Studium arbeite und nicht hier wohne, hätte er wenig Zeit für die Vorbereitung.
> Versetzen Sie sich nun in die Lage der Prüferin. Wie hätten Sie diese Begegnung empfunden?

Ähnliche Szenarien habe ich leider regelmäßig erlebt. Der Student aus dem Beispiel hat es innerhalb einer Minute geschafft, einen fragwürdigen Eindruck zu hinterlassen. Dies war ihm wahrscheinlich überhaupt nicht bewusst. Meinem Empfinden nach hatte ich es mit einem faulen und unhöflichen Studenten zu tun, der die Prüfung samt zugehöriger Vorbereitung nicht ernst nimmt, dreiste Forderungen stellt und auch noch Ausreden sucht. Zudem störte mich bei seinem Auftreten die Konsumhaltung, mit welcher er wie selbstverständlich davon ausging, sämtliche benötigten Unterlagen einfach zu erhalten. Und letztendlich erweckte er den Eindruck, weder mich als Prüferin noch den Themen ein Mindestmaß an Wertschätzung entgegen zu bringen. Sicherlich ist solch eine Situation nur eine Momentaufnahme und wird der Vielschichtigkeit einer Person nicht gerecht – dennoch verdichten sich solche Eindrücke zu einem Gesamtbild von der Person.

Es wäre hingegen ganz einfach gewesen, dieses Fettnäpfchen zu vermeiden, denn die Prüfer haben keine überzogenen Erwartungen an die Studierenden: Es genügt, die gesellschaftlichen und universitären Konventionen einzuhalten. Der freundliche Gruß mit Blickkontakt und Händeschütteln gehört ebenso dazu wie die inhaltliche Vorbereitung auf die Sprechstunde. Die meisten Prüfer haben wenig Zeit und betreuen viele Prüfungskandidaten, so dass eine gründliche inhaltliche Vorbereitung allen Beteiligten Zeit und Mühen spart. Aus Sicht des Prüfers wird dies als Engagement verstanden und ist nicht zuletzt auch eine Frage der Höflichkeit. Außerdem empfehle ich dringend, mit offenen Karten zu spielen, allerdings ohne Mitleidspunkte einheimsen zu wollen. Wenn Sie gerade von Ihrer Freundin verlassen wurden, ein Verwandter gestorben ist oder Sie eine schlimme Diagnose bekommen haben, genügt es, wenn Sie dem Prüfer mitteilen, dass Sie privat gerade eine sehr schwierige Zeit durchmachen. Er wird dann sicherlich mehr Verständnis dafür haben, wenn Sie nicht ganz perfekt vorbereitet sind oder inhaltlich öfter nachfragen müssen. Falls Sie einen Sprechstundenbesuch angekündigt haben und es absehbar ist, dass Sie diesen nicht wahrnehmen können, sagen Sie freundlicherweise per Email oder telefonisch möglichst bald ab.

Empfehlungen für den Besuch der Sprechstunde:
- Kündigen Sie Ihr Erscheinen am besten schon einige Tage zuvor per Email an. Häufig können Sie auch schon eine Literaturliste, Thesenpapier oder Gliederung mitschicken, die der Prüfer im Vorfeld ansehen kann. Wenn Sie unsicher sind, fragen Sie einfach freundlich nach, ob dies möglich ist.
- Erscheinen Sie immer pünktlich und erwähnen Sie gegebenenfalls, dass Sie Ihre Unterlagen schon per Mail geschickt haben. Bringen Sie aber auf jeden Fall zwei ausgedruckte Exemplare davon mit, um sie mit dem Prüfer zu besprechen.
- Legen Sie eine eigene Literaturliste zum Thema vor und fragen Sie ggf. nach weiteren Empfehlungen des Prüfers. Wenn der Prüfer sieht, dass Sie sich schon vorbereitet haben, wird er Ihnen gerne weitere wichtige Literatur nennen. Konzentrieren Sie sich in der folgenden Prüfungsvorbereitung zunächst besonders auf die vom Prüfer genannte Literatur. Bei selbst gewählter Literatur besteht immer die Gefahr, dass der Prüfer diese nicht kennt und dementsprechend auch nicht prüft. Dennoch kann Ihnen wiederum gerade

jene Literatur zu einer sehr guten Note verhelfen, die der Prüfer noch nicht kennt, weil Sie – wenn es gut läuft – mit Zusatzwissen punkten können.

- Bereiten Sie formale und inhaltliche Fragen zur Prüfung zumindest stichpunktartig schriftlich vor, so dass Sie nichts Wichtiges vergessen. Notieren Sie sich die Antworten des Prüfers. Abgesehen davon sieht der Prüfer auf diese Weise, dass Sie sich gewissenhaft vorbereitet haben.

- Überlegen Sie sich, ob Sie aus strategischen Gründen die Sprechstunde oder das Kolloquium aufsuchen und Fragen vorbereiten, auch wenn Sie eigentlich gar keine offenen Fragen haben. Diese Fragen können inhaltlicher Art sein oder aber Sie legen Ihre bisherigen Thesen, Mind-Maps, Literaturlisten etc. vor und fragen nach Ergänzungs- oder Verbesserungsvorschlägen. Sie können beispielsweise Ihre Überlegungen oder Zweifel bezüglich Argumentationslinien, der Aufteilung einer Mind-Map oder der Gegenüberstellung von Theorien schildern. Sie schlagen damit mehrere Fliegen mit einer Klappe: Sie lernen den Prüfer besser kennen und sind ihm anschließend besser bekannt. Und Sie können zeigen, wie tief Sie in der Materie sind und wie ernst Sie die Vorbereitung nehmen. Letztendlich können Sie vielleicht auch noch Tipps bekommen, die Ihnen in der Prüfung nützlich sein können.

- Verhalten Sie sich immer höflich und freundlich.
- Seien Sie immer pünktlich und verlässlich. Teilen Sie eine Terminabsage rechtzeitig mit.
- Erscheinen Sie immer vorbereitet!
- Fassen Sie sich kurz und ziehen Sie das Gespräch nicht unnötig in die Länge.

1.3   Die Themenwahl

Die Frage der Themenwahl stellt sich nicht nur denjenigen, die ihre Themen frei wählen können. Auch wenn Ihnen Prüferinnen und Themengebiete vorgegeben sind, können meist noch Schwerpunkte gesetzt werden. In vielen Fächern gibt es einen Kanon an Prüfungsthemen und die zugewiesenen oder selbst gewählten Prüferinnen bieten aus diesem Themenkatalog eine Auswahl als Prüfungsthemen an. In den seltensten Fällen prüft eine Prüferin alle Themen. Informieren Sie sich also vorab über alle möglichen Themen, zum Beispiel über die Homepage oder persönlich in der Sprechstunde. Folgende Kriterien können Ihnen bei der Wahl des Prüfungsthemas hilfreich sein:

- Interesse: Was interessiert mich wirklich? Welche Themen finde ich so spannend, dass ich mich gerne intensiv damit beschäftigen würde?
- Perspektive: Welche Themen können mir auch nach der Prüfung, im weiteren Verlauf des Studiums, für die Bachelor- oder Masterarbeit, im Referendariat oder im Berufsleben nützlich sein? In welche Themengebiete werde ich mich ohnehin noch einarbeiten müssen?
- Zeitplanung: Wie viel Zeit habe ich für die Vorbereitung? Welches Thema kann ich mit wenig Aufwand schnell erarbeiten oder wo kann ich schon vorhandenes Wissen vertiefen? Wozu habe ich schon Unterlagen gesammelt, Bücher gelesen, Seminare besucht, Referate gehalten oder Hausarbeiten geschrieben? Aufwändige Literaturrecherche und das Lesen und Exzerpieren von Texten können so drastisch reduziert werden.

- Kontakte: Welche Prüfungsthemen haben Kommilitonen, Freunde oder Bekannte gewählt und welche Erfahrungen haben sie damit gemacht? Sind diese Personen bereit, mit mir über ihr Prüfungswissen zu sprechen (vgl. 2. Kapitel) oder mir ihre Prüfungsunterlagen wie z.B. Literaturlisten, Gliederungen, Mind-Maps, Thesenpapiere oder Lernkarten zu geben? Dies kann viel Zeit sparen, jedoch sollten Sie beachten, dass „Fremdmaterial" immer anderes Vorwissen voraussetzt, andere Schwerpunkte enthält und andere Perspektiven einnimmt, als es bei eigenen Aufzeichnungen der Fall wäre. Selbst erarbeitetes Wissen ist außerdem besser verankert und lässt sich flexibler handhaben. Die Arbeit mit fremden Unterlagen kann also beim Einstieg helfen und eine sinnvolle Ergänzung darstellen, sie bedürfen aber einer gründlichen Überarbeitung.
- Anspruch: Welche Prüfungsthemen gelten als besonders anspruchsvoll? Fragen Sie dazu sowohl Kommilitonen als auch Dozenten oder Prüfer. Wählen Sie diese Themen nur aus, wenn Sie sich darin sicher fühlen und sich diese zutrauen. Welche Prüfungsthemen gelten als Standardthemen und welche werden als Spezialthemen eher selten gewählt?

1.3.1 Standardthema oder Spezialthema?

Es ist leider oft so, dass ein häufig gewähltes Thema die Prüfer langweilt. Sie haben den Stoff über die Jahre hinweg schon hundertfach gehört und geprüft. Man muss sich wirklich sehr von der Masse abheben, um hier eine sehr gute Note zu erlangen.

Zudem haben sich bei häufig gewählten Themen die Fragen der Prüfer schon so eingeschliffen, dass diese regelrecht abgearbeitet werden. Dies erschwert ein offenes Prüfungsgespräch und führt schnell zu einem Frage-Antwort-Spiel. Wer ein sehr geläufiges Thema wählt und dazu nur die Standardliteratur liest, könnte außerdem als desinteressiert, bequem oder wenig kreativ gelten. Positiv ist allerdings, dass es zu den Standardthemen viel Literatur und Exzerpte, Thesenpapiere, Literaturlisten etc. von Kommilitonen gibt und auch das Internet als Informationsquelle genutzt werden kann. Möglicherweise können Sie mit Rückgriff auf schon vorhandene Unterlagen viel Vorbereitungszeit sparen.

 TIPP

> Wenn Sie sich für ein Standardthema entscheiden oder es keine Wahlmöglichkeit gibt, machen Sie das Beste daraus: Setzen Sie individuelle Schwerpunkte, suchen Sie nach aktueller Literatur, Studien und Forschungsergebnissen, durchforsten Sie das Internet oder befragen Sie Experten!

Wenn Sie gerne ein Spezialthema wählen würden, sollten Sie das mit dem Prüfer absprechen. Denn dieser muss damit zumindest so gut vertraut sein, dass er das Thema auch prüfen kann, darf und will. Auch wenn Sie es schwer haben, Informationen und Literatur zum Thema zu beschaffen, lohnt es sich erfahrungsgemäß dennoch: Der Prüfer erlebt Sie als interessiert, engagiert und selbständig und das ungewöhnliche Thema weckt zudem sein Interesse. Eine Garantie für eine sehr gute Note ist dies allerdings noch nicht – ohne breites Grund- und vertiefendes Detailwissen geht es auch mit einem Spezialthema nicht.

1.3.2 „Alltägliche" Themen

Besonders wachsam sollten Sie bei Prüfungsthemen sein, die viel Bezug zum Alltagsleben haben, die in den Medien immer wieder auftauchen und bei denen jeder „irgendwie mitreden" kann. Das kommt vor allem in Studienfächern wie Pädagogik – insbesondere für das Lehramt – Soziologie, Psychologie und anderen Geistes- und Sozialwissenschaften häufig vor. Schnell entsteht der Eindruck, dass man beispielsweise zum Thema „Ganztagsschule" oder „Benotung" prima Bescheid wisse, weil man einen Fernsehbericht gesehen, einen Artikel in einer Zeitschrift gelesen und die Ausführungen von Tante Renate dazu gehört hat. Und natürlich hat man ja selbst jahrelang die Schulbank gedrückt und weiß aus eigener leidvoller Erfahrung wie ungerecht die Leistungsbewertung sein kann oder welche Vor- und Nachteile die Ganztagsschule mit sich bringt. Insbesondere Themen, die jeder aus dem Alltag kennt, laufen daher Gefahr, in der Vorbereitung nicht ernst genommen zu werden. Das trügerische Gefühl, schon ganz viel über das Thema zu wissen, kann dazu verleiten, gar nicht erst tief in die theoretische Materie einzudringen oder davon auszugehen, dass es dort überhaupt keine tieferen Zusammenhänge zu ergründen gibt. Mit dieser naiven Einstellung werden dann häufig Alltagsthemen gewählt, in der Hoffnung, nicht mehr viel lernen zu müssen. Es erübrigt sich zu erwähnen, dass dies nicht selten mit einer mittelmäßigen oder schlechten Note endet.
Umgekehrt habe ich es in Prüfungen auch immer wieder erlebt, dass vermeintlich langweilige „Allerweltsthemen" so fundiert erarbeitet und kontrovers dargestellt wurden, dass die Prüfungskandidaten ein „sehr gut" erhalten haben. Ein alltägliches Thema ist also nicht per se schlecht, wenn man es in der Vorbereitung ernst nimmt.
Auch nicht-alltägliche, aber als einfach geltende Themen werden oft vorschnell in ihrem Anspruch und ihrer Komplexität

unterschätzt. Selbst wenn ein Thema auf den ersten Blick simpel erscheint und sich die besuchten Seminare oder die gelesenen Texte als wenig anspruchsvoll erwiesen haben, bedeutet dies nicht, dass sich dies bei tieferer Einarbeitung so fortsetzt. Die Ansprüche einer Prüfung unterscheiden sich erheblich von denen, die zum Beispiel ein Referat an Sie stellt. Dies bezieht sich sowohl auf den Umfang als auch auf den Anspruch der Fachliteratur. Die Kunst liegt also darin, ein Thema auszuwählen, das Sie interessiert und nicht überfordert, seinen Anspruch aber nicht zu unterschätzen.

1.3.3 Vorwissen richtig einschätzen

Es ist immer schwierig, das eigene Vorwissen richtig einzuschätzen. Oft verfügt man über viel passives Wissen in verschiedenen Themengebieten, kann dieses allerdings nicht aktiv abrufen, verknüpfen oder kritisch reflektieren. Einen guten Vergleich bietet das Fremdsprachenlernen: Fast jeder versteht in einer gelernten Fremdsprache deutlich mehr, als er selbst zu sprechen imstande ist. Das Verstehen fällt also deutlich leichter als das Sprechen. Ähnlich verhält es sich mit passivem Wissen, das in Seminaren, Vorlesungen und anderen Veranstaltungen meist durch Zuhören und eventuell Mitschreiben angeeignet wurde. Man hat das Gefühl irgendwie Bescheid zu wissen, aber dieses Wissen ist nicht flexibel verfügbar. Der Vorteil von aktivem Lernen in Form von eigenen Beiträgen zum Thema, Referaten, Hausarbeiten oder Diskussionsteilnahmen liegt auf der Hand. Dennoch sind passive Wissensbestände keine schlechte Ausgangslage für die tiefere Einarbeitung. Ihr Vorwissen muss dafür zunächst möglichst objektiv eingeschätzt und dann vertieft werden, indem Wissens- und Verständnislücken geschlossen und Verknüpfungen hergestellt werden. Im Grunde besteht also kein Grund zur

Sorge. Es sollte nur nicht der Fehler gemacht werden, das eigene Vorwissen zu hoch einzuschätzen.

1.3.4 Überblickswissen oder Detailwissen?

Ein breites Überblickswissen über den Themenbereich ist Voraussetzung für die Prüfung, aber die Tiefe darf natürlich nicht vernachlässigt werden. Einen Überblick über die ganze Breite des Themas gewinnt man meist während des Studiums, so dass für die Prüfung zusätzlich ins Detail gegangen werden kann. Im Idealfall haben Sie sich also schon während des Studiums in die Materie eingelesen. Wenn die Prüfung aber kurz bevor steht und Sie feststellen, dass Sie viele Wissenslücken haben, sollten Sie versuchen, diese so gut es geht zu schließen.

 TIPP

Ein Prüfer wird negativ überrascht sein, wenn Sie geläufiges Grundlagenwissen nicht reproduzieren können, da dies den Mindestanforderungen einer Prüfung entspricht. Wenn aber alle Stricke reißen, Sie im Studium kein Überblickswissen erworben haben und Ihnen nun die Zeit zur Einarbeitung fehlt, gilt es Schadensbegrenzung vorzunehmen: Konzentrieren Sie sich auf Ihre Spezialgebiete. Können Sie in der Prüfung mit Detailwissen beeindrucken, besonders wenn es theoretischer Natur ist, und Transferleistungen erbringen, das heißt weiterführende Zusammenhänge darstellen, wird man es Ihnen eher verzeihen, wenn Ihnen – wohlgemerkt nur einzelne Male – ein geläufiger Name, ein Datum oder eine Theorie „gerade nicht einfallen wollen".

Jemandem, der zeigen kann, wie intensiv er sich mit dem Thema beschäftigt hat, schreiben die Prüfer eher Intelligenz, Ausdauer und Interesse zu, als einem Prüfungskandidaten, der lediglich Grundlagenwissen reproduziert. Die Tendenz, Wissenslücken auf Nervosität zurückzuführen oder als unwichtig abzutun ist umso größer, je mehr die Prüfer von der Intelligenz und Eloquenz des Prüflings überzeugt sind. Dieser Plan wird allerdings nur aufgehen, wenn es Ihnen gelingt, die Prüfung von Anfang an möglichst oft selbst zu lenken und rasch auf „Ihre" Themen zu sprechen zu kommen. Falls Ihr Prüfer allerdings dafür bekannt ist, seinen eigenen Fragenkatalog abzuarbeiten und den Prüfungskandidaten selbst wenig Spielraum zu lassen, werden Sie mit dieser riskanten Strategie wahrscheinlich wenig Erfolg haben.

1.4   Familie, Freunde und Kommilitonen

In der Prüfungsvorbereitungsphase spielen viele Personen eine wichtige Rolle. Zunächst sind da natürlich die Prüfer, die Sie entweder selbst wählen können oder die Ihnen zugeteilt werden (vgl. Kapitel 1.2). Aber auch Ihre Familie, Freunde und Kommilitonen haben in der Vorbereitungszeit einen großen, förderlichen oder negativen Einfluss auf Sie.

Wenn Sie einen verständnisvollen Freundeskreis haben, der Ihnen in der anstrengenden Vorbereitungszeit Unterstützung bietet, es Ihnen nicht übel nimmt, wenn Sie weniger Zeit als sonst haben und Sie motiviert und antreibt, können Sie sich glücklich schätzen. Wenn Ihre Freundin oder Ihr Freund Sie aber gerade verlassen hat, es Probleme in der Familie gibt oder Freunde plötzlich selbst Hilfe brauchen, sieht Ihre Lage anders aus. Dann müssen Sie sich unter erschwerten Bedingungen vorbereiten, Ihre Gefühle in den Griff bekommen und noch gezielter planen (vgl. Kapitel 3).

Vieles lässt sich nicht vermeiden, aber bestimmte belastende Faktoren können reduziert werden. Machen Sie sich bewusst, dass Sie die Prüfung zwar alleine bewältigen müssen, aber in allen Phasen rund um die Prüfung nicht alleine sind und Unterstützung bekommen können. Auch wenn es egoistisch klingen mag: Umgeben Sie sich in der anstrengenden Prüfungszeit – sofern es möglich ist – ganz gezielt mit Menschen, die Ihnen gut tun, Sie unterstützen, entlasten, aufbauen, trösten, mit denen Sie Spaß haben, die Sie fachlich herausfordern oder nach einem anstrengenden Lerntag auf andere Gedanken bringen.
Überlegen Sie sich nun, welche Kontakte Sie in der Phase der Prüfungsvorbereitung als hilfreich einschätzen und welche Sie lieber einschränken möchten. Mit dem Hinweis auf einen engen Zeitplan wird Ihnen dieser Rückzug wahrscheinlich nicht übel genommen.

1.5   Die Zeitplanung

Es gibt auf dem Markt eine Fülle von Ratgebern zum Thema Zeitplanung und Zeitmanagement (siehe „Weiterführende Literatur") und auch in Büchern zur Prüfungsvorbereitung und zur Organisation des Studiums wird die Arbeit mit einem Zeitplan dringend empfohlen. Das ist meiner Erfahrung nach oft sinnvoll, jedoch hängt es vom Vorwissen, Arbeitsstil und der Vorliebe des Einzelnen ab, wie ausführlich die Planung vorgenommen werden sollte.
Die schriftliche Planung der Prüfungsphase kann von einer sehr groben Übersicht bis hin zu einem detaillierten Tagesplan reichen. Der Hauptfehler, den Sie dabei machen können, ist die falsche Reihenfolge der Planung. Der beste Zeitplan bringt Sie nicht weiter, wenn Sie sich vor lauter Planungsdetails vorab keine didaktisch-methodischen Fragen stellen. Häufig ver-

fallen gerade besonders fleißige Studierende dem Planungs-
wahn. Sie aktualisieren täglich unter hohem Zeitaufwand
ihren Zeit- und Arbeitsplan und achten dabei kaum auf die
Qualität und die Eignung der ausgewählten Literatur. Diese
Prüfungskandidaten arbeiten häufig sehr viel und ausdau-
ernd, aber wahllos und leider oft mit unpassenden Texten.
Fragen Sie sich also immer zuerst, ob der vorliegende Text
sich für die Erarbeitung Ihres konkreten Themas überhaupt
eignet und wie Sie den Text erarbeiten wollen, bevor Sie an
die Zeitplanung gehen. Dazu können Sie sich Zeitfenster freihalten, die dem Sichten von Material dienen, in denen Sie
den Text grob überfliegen und zunächst eine Einschätzung
vornehmen.

- Klären Sie zunächst, welches Thema Sie aus welchem Grund auswählen, ob die ausgewählten Texte
  dazu passen und wie Sie damit arbeiten möchten:
- Was ist das zentrale Thema? Behandelt der vorliegende Text dieses Thema?
- Warum wähle ich dieses Thema oder diesen Schwerpunkt?
- In welchem größeren Zusammenhang steht das
  Thema? Welche Bedeutung hat es für Ihr Fachgebiet, für Sie persönlich oder Ihre Berufswahl?
- Wie wollen Sie sich das Thema erarbeiten? Wie gehen Sie vor, z.B. lesen, exzerpieren, diskutieren...?

Erst nachdem Sie diese Fragen beantwortet haben, sollte die
– je nach Arbeitsstil mehr oder weniger detaillierte – Zeitplanung stattfinden.
Wie detailliert der Zeitplan sein sollte, hängt auch davon ab,
wie Sie studiert und was Sie bereits gelernt haben. Wer schon
zu Beginn des Studiums anhand der Studien- und Prüfungsordnung die für die Prüfung relevanten Veranstaltungen aus-

wählt und die Themen für Hausarbeiten, Referate oder andere Leistungen (z.B. Bachelorarbeit) so wählt, dass sie sich auch als mündliches Prüfungsthemen eignen oder zumindest damit verwandt sind, kann sich in der heißen Phase vor der Prüfung eine grundlegend neue Einarbeitung in ein ganz neues Thema ersparen. Stattdessen muss das bestehende Wissen „nur" aufgefrischt und zum Beispiel in Diskussionen vertieft werden, aktuelle und vor allem kontroverse Literatur gesichtet und gelesen werden und eventuell müssen noch weitere thematische Schwerpunkte gesetzt werden.

TIPP

Mit einem *prüfungsbewussten Studierverhalten* kann nicht nur sehr viel Vorbereitungszeit für die Prüfung eingespart werden, es zeigt sich außerdem der positive Effekt einer längeren inneren Auseinandersetzung mit einem Thema, das bereits bekannt ist und nicht völlig neu erarbeitet werden muss. Die meisten Prüfer merken sofort, ob sich jemand ein Thema „mal eben nebenbei" angelesen hat oder sich schon seit Wochen damit beschäftigt. Dies wirkt sich fast immer auf die Note aus!

Voraussetzung für einen knappen und wenig detaillierten Zeitplan ist, dass
• die studierten Themen als Prüfungsthemen beim jeweiligen Prüfer gewählt werden können und
• genügend Literatur und Materialien dazu vorliegen und Sie sich mit dem Thema bereits sehr gut auskennen.

Zugegeben handelt es sich hierbei um den Idealfall einer Prüfungsvorbereitung, in der die Prüfungskandidaten ein im Studium tief verinnerlichtes Thema als Prüfungsthema wählen können und für die konkrete Vorbereitung eigentlich nur noch ein paar Details auswendig lernen und sich eine Struktur erarbeiten müssen, zum Beispiel in Form einer Gliederung, Mind-Maps oder eines Thesenpapiers. Dies wären traumhafte Bedingungen, die in Hinblick auf den Studienalltag leider nicht allzu häufig vorkommen. Ob es ein zeitintensiver Nebenjob, familiäre Belastungen, gesundheitliche oder persönliche Probleme, überquellende Seminare oder persönliche Fehlplanungen wie z.B. zu „lockeres" Studieren oder verpasste Fristen sind – viele Faktoren können dazu führen, dass die Prüfungsvorbereitung unter Zeitdruck und schlechten Bedingungen irgendwie bewältigt werden muss (vgl. Kapitel 3).

Grundsätzlich sollte sich natürlich jeder Prüfungskandidat zumindest grob Gedanken darüber machen, wie viel Zeit für die Vorbereitung zur Verfügung steht, welchen Lernumfang er unterbringen muss und wie er dies einteilen möchte. In einem schriftlichen Zeitplan können auf einen Blick die wichtigsten Etappen, Fristen, Themen und Lerneinheiten eingetragen werden.

1.5.1 Vor- und Nachteile eines Zeitplans

Sie sollten abwägen, ob Ihnen ein detaillierter, schriftlicher Zeitplan mehr Vorteile bringt als er Aufwand bedeutet. Dazu müssen Sie sich selbst fragen, aus welchen Gründen Sie einen Zeitplan aufstellen würden und einschätzen können, wie ausführlich dieser sein soll. Überlegen Sie sich, welche dieser Aspekte für Sie wichtig sind:

Vorteile eines Zeitplans können sein:

- Er bietet die Möglichkeit zur Selbstkontrolle, da Kontrolle von außen fehlt, wie z. B. in der Schule durch Klassenarbeiten in regelmäßigen Abständen. So kann ein Zeitplan dem Aufschiebeverhalten entgegenwirken.

- Er beruhigt, weil alle Tätigkeiten eingeplant sind und damit weitestgehend gesichert ist, dass die Zeit ausreicht.
- Er motiviert, weil Erledigtes abgehakt und belohnt werden kann.
- Er verbessert das Selbstmanagement, weil persönliche Zeitfresser besser erkannt und die Dauer von bestimmten Tätigkeiten besser eingeschätzt werden können. Man kann dabei lernen, Wichtiges zuerst zu machen, Konzentration zu fokussieren und frühzeitig umzuplanen, wenn sich eine Verzögerung abzeichnet.

Nachteile eines Zeitplans können sein:
- Ein detaillierter Zeitplan bedeutet Aufwand, weil er regelmäßig aktualisiert werden muss. Diese Zeit und Energie könnte auch in das eigentliche Prüfungsthema investiert werden.
- Es kann frustrierend sein, wenn der Zeitplan nicht eingehalten werden kann.
- Das „Leben nach Plan" und die ständige Selbstkontrolle empfinden manche Prüfungskandidaten als ungewohnt und bedrückend.

Wenn Sie mit einem Zeitplan arbeiten möchten, sollten Sie die Arbeit damit ernst nehmen, das heißt, realistische Einschätzungen vornehmen, genügend Puffer einplanen und ihn vor allem regelmäßig aktualisieren. Das einmalige Anfertigen eines Zeitplans genügt nicht! In den seltensten Fällen wird der Zeitplan genauso eingehalten werden können wie geplant. Dies liegt allerdings in der Natur der Sache: Der Zeitplan muss der veränderten Situation angepasst werden, also regelmäßig aktualisiert werden, um weiterhin Grundlage einer realistischen Planung zu sein. Häufig wird der Fehler gemacht, zu viel in zu kurzer Zeit erledigen zu wollen. Es werden kaum Pausen eingeplant, ganz zu schweigen von Freizeit, eventueller Krankheit oder nicht absehbaren Verpflichtungen. Wenn Sie beispielsweise von einer Grippe niedergestreckt eine Woche im Bett verbringen, danach mühselig wieder auf die Beine kommen und den liegengebliebenen Haushalt erledigen müssen, fehlt Ihnen wertvolle Zeit. Nicht selten kommt dann noch das nächste Unglück hinzu: Der Computer hat einen Virus und lässt sich nicht mehr starten, ein Rohrbruch setzt die Wohnung unter Wasser oder Ihr Hund muss mehrmals zum Tierarzt etc.

1.5.2 Das Anfertigen eines Zeitplans

Bei der Gestaltung eines Zeitplans hat sich folgendes Vorgehen bewährt, in welchem Sie zunächst die Formalitäten klären, den Zeitraum bis zur Prüfung überblicken, den Lernstoff festlegen und gezielt Unterstützung suchen.

- Formalitäten für die Prüfung klären:
  Am besten orientieren Sie sich an der Liste aus Kapitel 1.1 mit Stichpunkten zur Klärung formaler Fragen.
- Zeitraum überschauen:
  Wie viel Zeit haben Sie bis zum Prüfungstermin? Zählen Sie in einem Kalender die einzelnen Arbeitstage und tragen Sie die mit Studium, Nebenjob, Sport, Hobbys, Familienfeiern oder anderen Terminen verplanten Stunden ein. Die Wochenenden und Abende sollten zur Erholung und als Puffer freigehalten werden. Rechnen Sie maximal mit einem Acht-Stunden-Arbeitstag inklusive Pausen, um Überlastung zu vermeiden. Wie viel freie Lernzeit ergibt sich pro Woche?
- Lernstoff festlegen und eigenes Vorwissen einschätzen:
  Was können Sie schon, was müssen Sie noch lernen? Versuchen Sie, möglichst genau festzulegen, was noch erarbeitet werden muss. Planen Sie großzügig, denn im Verlauf der Erarbeitung kann es passieren, dass größere Wissenslücken überhaupt erst deutlich werden. Gleichen Sie den Lernstoff

mit der Lernzeit ab. Reicht die Zeit aus? Müssen Sie Lernstoff reduzieren oder benötigen Sie mehr Lernzeit? Schätzen Sie Ihre eigenen Kapazitäten realistisch und ehrlich ein: Sind Sie ein langsamer Leser oder können Sie auch neue, anspruchsvolle Texte schnell erfassen? Arbeiten Sie konzentriert am Stück oder brauchen Sie viele Pausen etc.?

- Hilfe:
Wer kann Ihnen wie helfen und Sie entlasten? Wen sollten Sie vorübergehend meiden, weil er Sie zu sehr ablenkt oder einen schlechten Einfluss auf Sie hat? Scheuen Sie sich nicht, Freunde und Familie um Unterstützung in der Prüfungsphase zu bitten. Delegieren Sie so viel wie möglich und betonen Sie gegenüber Ihren Helfern, dass dies nur vorübergehend ist und sie Sie damit enorm unterstützen. Fertigen Sie am besten eine Liste an mit Ideen, was an wen delegiert werden kann und versuchen Sie zeitnah, dies umzusetzen oder – falls es nicht klappt – umzuplanen. Vielleicht hilft es Ihnen auch, zunächst zu überlegen, für welche Tätigkeit Sie besonders viel Zeit brauchen, so dass Sie zuerst diese großen Zeitfresser eingrenzen können. Erfahrungsgemäß sind das oft Essenszubereitung, Einkaufen, Bücher ausleihen und zurückgeben, Kopien anfertigen und Wäsche machen. Ein netter Nebeneffekt setzt außerdem ein: Da die zusätzlich gewonnene Vorbereitungszeit auf die Hilfe anderer Menschen zurückzuführen ist, fühlt man sich ihnen gegenüber auch verpflichtet, diese Zeit sinnvoll zu nutzen.

2. Dynamisches Lernen

2.1 **Lerntipps**
2.2 **Die 3D-Strategie**
2.3 **Zum Umgang mit Literatur**
2.4 **Partnerarbeit, Gruppenarbeit oder Alleingang?**
2.5 **Thesenpapier, Gliederung, Mind-Map und Literaturliste**

Es gibt viele verschiedene Arten zu lernen und abhängig von den Lerninhalten und den persönlichen Vorlieben eignen sich diese unterschiedlich gut. Beim „dynamischen Lernen" handelt es sich um ein Vorgehen, das erfahrungsgemäß zu einer reflexiven Auseinandersetzung und fundierten Aneignung eines Themenbereiches führt und damit auch langfristigen Lernerfolg bietet. Stumpfes Auswendiglernen und langwierige Lesemarathons können so, zugunsten einer lebendigen Auseinandersetzung, reduziert werden. Nachdem alle Vorbereitungen bezüglich Themenwahl und Materialbeschaffung getroffen sind, findet das „dynamische Lernen" in drei Phasen statt:

Denken – **D**iskutieren – **D**okumentieren.

Je nach Phase arbeiten Sie alleine (Denken) oder im Diskurs mit Anderen (Diskutieren), wobei Sie natürlich Schwerpunkte setzen können. In der vorläufig letzten Phase (Dokumentieren) werden die Gedanken schriftlich festgehalten, zum Beispiel in Form einer Gliederung, einer Mind-Map oder eines Thesenpapiers. Jede Strukturierungsform weist unterschiedliche Eigenschaften auf, die bei der Auswahl berücksichtigt werden sollten. Oft darf dieses Papier in der Prüfung vorgelegt werden, wodurch Sie den Verlauf der Prüfung entscheidend beeinflussen können.

Zunächst folgen allgemeine Lerntipps, die für alle Phasen der Prüfungsvorbereitung gelten, bevor die 3D-Strategie in Theorie und Praxis dargestellt wird.

2.1   Lerntipps

- Beginnen Sie immer mit der wichtigsten Aufgabe des Tages! Vielleicht arbeiten Sie mit einem Wochen- oder Tagesplan, auf dem Sie die Tagesaufgaben eingetragen haben. Häufig ist die wichtigste Aufgabe gleichzeitig auch unangenehm oder anstrengend und kostet viel Überwindung. Vor allem das Anfangen fällt schwer, daher lautet mein Rat: Nicht nachdenken, sondern einfach beginnen! Wenn es nötig ist, schrauben Sie Ihren Anspruch ganz weit runter, Hauptsache Sie fangen an. Dies hat zwei sehr positive Effekte: Sobald Sie fertig sind, werden Sie zufrieden und stolz auf sich sein. Außerdem ist es mit dem Überwinden wie mit anderen guten Vorsätzen – wenn man sie regelmäßig übt, wird es immer leichter.
- Visualisieren Sie Ihr Ziel und machen Sie sich Ihre Motive bewusst (vgl. Kapitel 3.2 Motivationstief).
  Stellen Sie sich bildlich vor, wie Sie Ihre Tagesaufgabe erledigen und anschließend zufrieden und stolz Ihre Unterlagen vom Tisch räumen.
- Denken sie immer optimistisch und vermeiden Sie Schwarzmalerei.
  Das bringt Ihnen gar nichts, denn es kostet nur Zeit, macht schlechte Laune und blockiert Ihre Konzentration. Wenn es nur zäh voran geht, Sie unkonzentriert, müde, lustlos sind oder einen Text nicht verstehen, versuchen Sie trotzdem nach vorne zu blicken. Gönnen Sie sich eine Stunde oder auch einen Tag Pause und gehen Sie mit freiem Kopf noch mal an die Aufgabe.

- Setzen Sie sich Nahziele und terminieren Sie diese (vgl. 1.5 Zeitplanung).
  Bewährt hat sich die Arbeit mit Wochen- und Tagesplänen. Notieren Sie dazu Ihr Wochenziel und verteilen Sie die Inhalte auf einzelne Tagesziele: Was wollen Sie heute schaffen? Was wollen Sie bis Ende der Woche erarbeitet haben? Belohnen Sie sich, wenn Sie ein Ziel erreicht haben, auch wenn Sie doch länger gebraucht haben als geplant. Sie können sich zum Beispiel vornehmen, dass Sie mit Freunden ins Kino gehen, wenn die wichtigsten Thesen aus fünf Texten exzerpiert sind.
- Halten Sie Pausen ein.
  In der Zeit, in der Sie sich entspannen, klären sich Ihre Gedanken. Gelerntes kann sich setzen und Sie können neue Kraft tanken. Machen Sie aber auch wirklich Pausen und vermeiden Sie es, als angenehm empfundene Ablenkungen zu nutzen, z.B. im Internet zu surfen, zu telefonieren, fernzusehen etc. Mit vielen neuen Eindrücken überreizen Sie Ihr Gehirn und Ihre Augen, die Entspannung ist zunichte und die Konzentration leidet. Schalten Sie lieber richtig ab, legen Sie die Füße hoch, machen Sie die Augen zu, gehen Sie spazieren oder tun Sie das, was Sie entspannt.
- Achten Sie auf Ihren Körper und Ihre Bedürfnisse.
  In anstrengenden Lebensphasen neigt man schnell dazu, elementare Bedürfnisse zu vernachlässigen. Sorgen Sie für genügend Schlaf, gehen Sie an die frische Luft, treiben Sie Sport, essen Sie regelmäßig und ausgewogen und trinken Sie genug. Kaffee, Tee, Cola und Energydrinks sollten nur in Maßen genossen werden. Ein bis zwei Tassen bzw. Gläser am Tag – am besten vor Ihrer Lerneinheit – sollten es höchstens sein. Es funktioniert übrigens langfristig nicht, die Leistungstiefs mit Koffein abzumildern. Sie werden sich nur sehr kurz etwas wacher fühlen, danach aber in ein umso größeres Tief abfallen, weil Sie eine natürliche Ruhephase über-

sprungen haben. Zudem gewöhnt sich Ihr Körper an das Koffein. Gönnen Sie sich Ruhe, wenn Sie sie brauchen. Der Lerneffekt ist größer, wenn Sie Pausen einhalten und regelmäßig und ausreichend schlafen. Um langfristig etwas zur Entspannung beizutragen lohnt es sich, eine ausgleichende Sportart wie z.b. Tai Chi, Yoga oder eine Entspannungsmethode wie Autogenes Training oder Progressive Muskelentspannung zu erlernen und regelmäßig zu üben.

- Stellen Sie eine angenehme Lernatmosphäre her.
  Lüften Sie regelmäßig Ihr Arbeitszimmer, arbeiten Sie bei geöffnetem Fenster oder draußen. Achten Sie auch auf gutes Licht. Manche verwenden am Schreibtisch eine Tageslichtlampe, die durch das helle Licht das Lesen erleichtern kann und einer vorzeitigen Ermüdung der Augen vorbeugt. Für kreative Arbeiten, wie das Erstellen von Mind-Maps oder Brainstorming-Aktionen können Sie beispielsweise auch mit Duftölen arbeiten. Ein Tässchen Tee und ein Stück Schokolade können das Wohlbefinden auch steigern. Wenn es Sie nicht ablenkt, können Sie auch leise Hintergrundmusik laufen lassen. Erlaubt ist, was funktioniert! Es lernt sich leichter, wenn man sich am Arbeitsplatz und beim Arbeiten wohl fühlt.

- Lernen Sie an unterschiedlichen Orten in und außerhalb Ihrer Wohnung.
  Ihr Gehirn lernt so, das Wissen auch in unterschiedlichen Umfeldern zu speichern und abzurufen und Ihr Körper bleibt in Bewegung. Abgesehen davon, beugen Sie Kopf- und Rückenschmerzen vor, wenn Sie die Position wechseln. Es lässt sich beispielsweise prima auf dem Sofa liegend lesen und Vokabelkärtchen kann man sich auch neben die Toilette legen. Auswendiglernen fällt vielen leichter, wenn Sie dabei umhergehen. Probieren Sie einfach verschiedene Varianten aus.

LERNTIPPS

- Beginnen Sie immer mit der wichtigsten Aufgabe des Tages.
- Machen Sie sich Ihre Motive und Ziele bewusst.
- Denken Sie optimistisch.
- Setzen Sie sich Nahziele.
- Halten Sie Pausen ein.
- Achten Sie auf Ihre Bedürfnisse.
- Stellen Sie eine angenehme Lernatmosphäre her.
- Lernen Sie an unterschiedlichen Orten.

2.2 Die 3D-Strategie

Bei der 3D-Strategie handelt es sich um ein Vorgehen, das Ihnen auch im täglichen Leben begegnet. Sie beschäftigen sich intensiv mit einem Thema, zum Beispiel mit der Frage „Soll ich mir ein Auto anschaffen?" oder „Soll ich vegan leben?". Sie verschaffen sich dazu Informationen, hören in sich hinein und überlegen, wie wichtig Ihnen verschiedenste Aspekte sind, beispielsweise ökologische, gesundheitliche oder finanzielle. Die meisten werden auch mit anderen Menschen darüber sprechen, um sich ein differenzierteres Bild machen zu können. Das können Familienmitglieder sein oder der Lebenspartner, aber auch Freunde, Bekannte, Nachbarn oder Arbeitskollegen. Meist wird gezielt nach Gesprächspartnern gesucht, denen bezüglich des Themas Wissen und Kompetenz zugetraut wird und die schon viel Erfahrung auf dem jeweiligen Gebiet haben. Oder es werden Menschen befragt, die intelligent sind und sich – auch ohne selbst betroffen zu sein – abstrakt mit dem Thema beschäftigen können.
Indem man die Meinungen und Einstellungen weiterer Personen hinzuzieht, wird das eigene Wissen erweitert, verschie-

dene Facetten des Themas werden ausgeleuchtet und ein Blick über den Tellerrand ermöglicht. Denn abgesehen davon, dass man immer der eigenen Subjektivität verhaftet bleibt, kann natürlich niemand immer alle Aspekte eines Themas kennen. Dabei passiert es häufig – und das ist ja auch beabsichtigt – dass die Argumente, Meinungen und Einstellungen anderer Personen sich nicht mit den eigenen decken und demnach nicht einfach übernommen werden können. Meist entsteht eine Diskussion, in welcher der eigene Standpunkt geschärft, argumentativ begründet und verteidigt werden muss. Möglicherweise wird man die ursprüngliche Meinung ändern, falls die Argumente der Gegenseite schwerer wiegen. Im vorerst letzten Schritt, der Dokumentation, wird das Fazit der gedanklichen und diskursiven Auseinandersetzung schriftlich festgehalten. Für den Autokauf könnte das eine Liste mit Pro- und Kontraargumenten sein, für das Prüfungsthema eine detaillierte Skizze, die die Verbindungen zu benachbarten Themen darstellt.

Wenn Sie ein Thema mit der 3D-Strategie erarbeiten, werden Sie es verinnerlichen und nebenbei viel über sich selbst erfahren, zum Beispiel über Ihre Einstellungen und Werte, Ihre kognitiven und verbalen Fähigkeiten schulen und die diskursive Auseinandersetzung – und damit rhetorische Fähigkeiten – mit anderen Personen trainieren. Der Wissenserwerb, die Abrufbarkeit und flexible Handhabung des Wissens sind dabei eigentlich nur die Nebenprodukte. Im Wesentlichen geht es darum, Inhalte mehrperspektivisch zu beleuchten, mit eigenem Vorwissen und Wertvorstellungen abzugleichen und mit anderen zu diskutieren. Sie trainieren so wichtige Kompetenzen, die Sie ein Leben lang benötigen werden, wie z.B. eine gute Ausdrucksweise, überzeugendes Argumentieren und Begründen, kritisches Darstellen, aber auch gründliches Zuhören. Sie lernen, ohne dass im klassischen Sinn „gepaukt" werden muss.

Es handelt sich hierbei also nicht nur um eine sehr natürliche Art und Weise zu lernen, sondern vielmehr um einen Bildungsprozess. Ohne an dieser Stelle einen längeren Exkurs über die Definition von „Bildung" auszuführen, sollte zumindest deutlich werden, dass es nicht (nur) um das Aneignen und Reproduzieren von Faktenwissen geht, sondern um einen aktiven und interaktiven Prozess der persönlichen Auseinandersetzung mit Inhalten, Werten und Normen etc.

Möchte man 3D als „drei Dimensionen" verstehen, was vor allem an die 3D-Technik im Kino erinnert, werden auch hier ähnliche Ziele verfolgt: ein tieferes Bild der Sache, das die einzelnen Aspekte von allen Seiten beleuchtet. Der Lernstoff soll „zum Greifen nah" werden, in dem Sinne, dass Sie sich möglichst gut auf ihn einlassen und ihn „begreifen" können. Allerdings gibt es bei dieser Strategie auch einiges zu beachten. Die 3D-Strategie stößt bei großen Mengen an Daten und Faktenwissen an ihre Grenzen. Je nach Umfang kommen Sie wahrscheinlich um das klassische Auswendiglernen nicht ganz herum. Allerdings lässt sich dieses mit verschiedenen Lerntechniken zumindest etwas angenehmer gestalten (vgl. Literaturverzeichnis). Am allerbesten ist es natürlich, wenn Sie so viel Interesse für das Thema aufbringen, dass Sie im Studium bereits viel Faktenwissen erworben und es auf diese Weise mehrfach wiederholt und gefestigt haben.

Eine weitere Herausforderung der 3D-Strategie liegt auf Seiten der Prüfungskandidaten. Viele sind es schlichtweg nicht gewohnt, sich ein Thema auf diese Weise anzueignen, zumal diese Lernform weder in der Schule noch in der Universität begünstigt wird. Das Vorgehen erfordert neben Interesse an der Sache im Idealfall eine große Portion Neugier oder eine leidenschaftliche, persönliche Haltung zum Thema. Sowohl in der Schule als auch in der Universität werden die Prüfungsthemen meist vorgegeben und entsprechen nicht den eigenen Wünschen. Schüler und Studierende quälen sich durch ihre

Texte und reproduzieren lustlos das eingepaukte Wissen. Dies kann mit ein bisschen Glück sogar für eine gute Note ausreichen, allerdings war weder der Lernmarathon angenehm, noch wird das Wissen nachhaltig sein. Die Wahrscheinlichkeit ist sehr hoch, dass das Gelernte genauso schnell wieder vergessen wird, wie es mühsam eingepaukt wurde. Die 3D-Strategie bietet dazu eine Alternative.

2.2.1 Die Vorbereitung

Themenwahl:
Der Erfolg der 3D-Strategie hängt maßgeblich vom Umgang mit dem Prüfungsthema ab. Hier sollten Sie besonders sorgfältig überlegen, abwägen und entscheiden. Je nachdem, ob Sie das Prüfungsthema selbst aussuchen können oder vorgegeben bekommen, bieten sich unterschiedliche Vorgehensweisen an. Lesen Sie dazu im Kapitel 1.3 „ Die Themenwahl" nach und machen Sie sich Ihre persönlichen Auswahlkriterien bewusst. Eine ebenso große Rolle spielen Ihre Prüfer mit ihren Ansprüchen und ihrer Art zu prüfen (siehe Kapitel 1.2).

Vorwissen kritisch prüfen und ins Thema einfinden:
Um einen Überblick über Ihren Wissenstand zu bekommen, offene Fragen, Wissenslücken und verwandte Themen zu ermitteln, hat es sich bewährt, zunächst eine Mind-Map anzufertigen (siehe auch Kapitel 2.5 Thesenpapier, Gliederung, Mind-Map und Literaturliste). Folgende Fragen können Ihnen helfen, sich assoziativ dem Thema zu nähern:

- Was weiß ich schon?
- Wie schätze ich mein Vorwissen ein? Ist meine Perspektive „gefärbt"? Versuchen Sie, sich Ihre Werte und Normen bewusst zu machen, die Ihre Meinung prägen. Ebenso können biographische Faktoren, Lebenserfahrung etc. Einfluss haben.
- Habe ich schon eine feste Meinung?
- Wie sehen Gegenpositionen aus, was wird kritisiert?
- Woher habe ich mein Wissen? Ist die Quelle seriös? Handelt es sich zum Beispiel um wissenschaftliche Literatur oder stammt der Artikel aus der Boulevardpresse, aus einer Fernsehsendung etc.?
- Welche Fragen sind offen – was muss ich noch wissen?
- Wie komme ich an diese Informationen (Internet, Bücher, Menschen)?
- Wen könnte ich um Hilfe bitten? Kenne ich Experten?

Material sichten, auswählen und aufbereiten:
Mit „Material" sind Lernunterlagen im weitesten Sinne gemeint wie Bücher, Texte, Textausschnitte, Aufzeichnungen, Zusammenfassungen, Exzerpte, Mitschriften, Protokolle, Bilder, Handouts und Skripte aus Veranstaltungen sowie Online-Arbeitsmaterialien. Verschaffen Sie sich zunächst einen Überblick darüber, welches und wie viel Material Sie zu Ihren Themen (vgl. 1.3 Themenwahl) schon haben und überprüfen Sie seine Qualität. Entscheiden Sie, ob Sie es nutzen oder optimieren können oder verwerfen Sie es. Unterlagen aus Veranstaltungen, z.B. Skripte, Handouts oder Reader, können sehr hilfreich sein. Eigene Mitschriften sollten Sie kritisch betrachten und noch genauer sollten Sie hinsehen bei Fremdmaterial von Kommilitonen oder unbekannten Quellen z.B. aus dem Internet.

- Halten Sie sich zunächst an die Literaturempfehlungen des Prüfers und an die bekannte Standardliteratur zum Thema. Häufig gibt es eine Literaturliste, in vielen Fällen auch einen Handapparat oder online abrufbare Reader/Textsammlungen. Die empfohlene Literatur und die Standardwerke sollten Sie besonders gründlich erarbeiten, da sie die Wissensgrundlage der Prüfung bilden.

- Weitere Literatur hinzuziehen:
  Oft stoßen Sie während des Lesens auf Verweise auf weitere interessante Texte. Hier sollten Sie genau abwägen, ob Sie noch neue Literatur hinzuziehen möchten (oder müssen) oder ob Sie sich möglicherweise unnötige Arbeit machen, die Sie inhaltlich nicht weiterbringt. Es dauert einige Zeit, die Texte zu beschaffen und zu beurteilen, ob diese nützlich sind. Am besten entscheiden Sie möglichst rasch, ob der jeweilige Text interessant sein könnte oder nur kostbare Zeit vergeudet wird. Im Zweifelsfall überfliegen Sie den Text nur kurz, schreiben die wichtigsten Aspekte stichpunktartig auf und legen ihn dann erst mal zur Seite. Falls es doch noch nötig wird, können Sie ihn wieder hinzuziehen.

2.2.2 Denken-Diskutieren-Dokumentieren

DENKEN: Bevor Sie sich an die Arbeit machen und Literatur zum Thema suchen, haben Sie sich genau überlegt, was Sie schon über das Thema wissen und es sich knapp notiert. Möglicherweise können Sie hier schon feststellen, ob Sie die neuesten Forschungsergebnisse kennen, wo Ihre Wissenslücken sind, welche grundlegenden oder weiterführende Fragen sich Ihnen stellen, welche Theorien es dazu gibt, wie das Themengebiet im größeren Zusammenhang eingeordnet werden kann u.s.w.

VORSICHT FETTNÄPFCHEN!

Achtung! Besondere Vorsicht ist geboten, wenn Sie meinen, über das Thema bereits alles Wesentliche zu wissen oder das Prüfungsthema als sehr einfach einschätzen. Dies verführt zum nachlässigen Lesen und Lernen, was in der Prüfung nicht selten mit einer Note quittiert wird, die weit hinter Ihren Erwartungen zurückbleibt. Jeder noch so simpel scheinende Inhalt kann vertieft, verknüpft, hinterfragt, eingeordnet, kritisiert, präzisiert, also kurzum weiterführend bearbeitet und dementsprechend auch geprüft werden.

Der wesentliche Schritt heißt nun: denken, reflektieren, grübeln, drehen und wenden, Theorien verstehen, vergleichen, bewerten, einen eigenen Standpunkt suchen, hinterfragen, verwerfen, kritisieren, verschiedene Argumente abwägen, Fragen formulieren und so weiter. Nachdem Sie sich einige Zeit in die Materie vertieft haben – das können einige Tage oder auch Wochen sein, je nach Vorwissen, Komplexität und Ihrer Zeitplanung – werden Sie entweder das Gefühl haben, nun einen guten Einblick in das Themenfeld zu haben und somit zum nächsten Schritt (Diskussion) übergehen. Vielleicht haben Sie aber auch das Bedürfnis, sich noch tiefer einzuarbeiten oder weitere Fragen zu klären. In diesem Fall sollten Sie weitere Literatur hinzuziehen. Sie können Kommilitonen oder eventuell auch die Prüfer um Literaturempfehlungen bitten und Ihr Problem schildern.

DISKUTIEREN: Für dieses zentrale Element der Prüfungsvorbereitung benötigen Sie einen oder mehrere Diskussionspartner. Im Idealfall sind das Personen, die zum gleichen Thema und vielleicht sogar beim selben Prüfer bereits eine Prüfung abgelegt haben oder sich auf dieselben Prüfungsthemen vorbereiten müssen wie Sie und die gleiche oder ähnliche Literatur gelesen haben. Mit diesen Personen können Sie auch Lerngruppen bilden und zu lesende Texte aufteilen (vgl. Kapitel 2.5 Partnerarbeit, Gruppenarbeit oder Alleingang?). Es kommen allerdings auch interessierte Menschen aus Ihrem Freundes- und Familienkreis in Frage, die zumindest grundlegendes Wissen zum Thema haben. Sie sollten jedoch bedenken, dass Sie umso mehr von den Gesprächen profitieren, je kompetenter Ihr Diskussionspartner im Themengebiet ist. Suchen Sie also gezielt aus!

Falls keiner Ihrer Wunschpartner Lust oder Zeit für Diskussionen hat, haben Sie keine andere Wahl: Weichen Sie auf Personen aus, die Ihnen hier gerne weiterhelfen und sich zu Diskussionen bereit erklären, auch wenn sie selbst keine Experten sind oder sich auf diesem Gebiet überhaupt nicht auskennen. Fragen stellen, Erklärungen einfordern und Argumente hinterfragen kann nahezu jede Person, die sich neugierig auf das Thema einlässt. Zwar haben Sie keinen inhaltlichen Wissenszuwachs, trainieren aber immerhin Ihre rhetorischen Fähigkeiten und werden beim Erklären der Zusammenhänge selbst bemerken, wo Sie unsicher sind oder wo neue Fragen auftauchen.

Wenn Sie alleine arbeiten wollen oder müssen, sollten Sie versuchten, möglichst gründlich alle Facetten des Themas selbst zu ergründen. Anhand der Fachliteratur können Sie verschiedene Argumente und Positionen erarbeiten und gegenüberstellen. Möglicherweise finden Sie auch im Internet Kontroversen über Ihr Thema.

Sie können versuchen, die Diskussionen prüfungsähnlich zu strukturieren. Versetzen Sie sich in die Prüfer hinein und versuchen Sie, mögliche Fragen zu antizipieren. Wie in Kapitel 5 „Das Prüfungsgespräch" ausführlicher beschrieben, werden sich die Fragen meistens am Verlauf des Gesprächs orientieren:

Üblicherweise wird zunächst in das Thema eingeleitet, entweder durch den Prüfer selbst oder durch den Prüfungskandidaten, zum Beispiel mit der Frage: „Warum haben Sie dieses Thema gewählt?". Oft werden dann Fragen gestellt, mit deren Beantwortung Wissen reproduziert wird, zum Beispiel: „Nennen Sie die wesentlichen Schritte eines Schulentwicklungsprozesses!". Im Anschluss wird häufig eine Leistung erwartet, die zeigt, dass der Prüfungskandidat Verknüpfungen, Zusammenhänge und Widersprüche verstanden hat und darstellen kann, z.B. „Welche Rolle spielen schulpolitische Fragen bei Schulentwicklungsmaßnahmen?". Auch Transferfragen kommen in dieser Prüfungsphase häufig vor. Letztendlich soll der Prüfungskandidat das Thema reflektieren, zu einem Fazit kommen oder auch persönlich Stellung beziehen, beispielsweise: „Zu welchem Ergebnis kommen Sie? Was halten Sie von Schulentwicklungsmaßnahmen?".

Versuchen Sie, Ihr Thema auch hinsichtlich des Schwierigkeitsgrades einzuschätzen und überlegen Sie ebenfalls, welches „Steckenpferd" der Prüfer hat. Sie können davon ausgehen, dass die Prüfer zu ihren Lieblingsthemen Fragen stellen werden.

Anstatt einer offenen Diskussion kann am Ende der Vorbereitung also eine Prüfungssimulation stehen, quasi eine Probeprüfung, in der es auch ans Eingemachte gehen darf und auch „quer" gefragt wird. Dies geht natürlich nur mit Personen, die in diesem Gebiet versiert sind. Dazu eignen sich am besten Kommilitonen, die ebenfalls geprüft werden oder die Prüfung schon hinter sich haben.

DOKUMENTIEREN: Der vorerst letzte Schritt – das Dokumentieren – kann als eine Art Destillationsprozess verstanden werden. Während des Lesens haben Sie bereits die wichtigsten Stellen hervorgehoben und knappe Stichwörter an den Rand geschrieben. Wenn daraus bisher noch keine Exzerpte entstanden sind, sollten Sie nun welche anfertigen. Ein Exzerpt ist eine Zusammenfassung bzw. ein inhaltliches Nachvollziehen des Originaltextes. Sie profitieren davon in vielerlei Hinsicht: Zum einen sind Sie gezwungen, den Text gründlich zu lesen – wobei sich vielleicht noch Verständnisschwierigkeiten offenbaren – und die wesentlichen Punkte zusammenzufassen. Zum anderen wiederholen Sie mit jedem Lesedurchgang und Niederschreiben die Inhalte. Arbeiten Sie nun mit den Exzerpten weiter, indem Sie sie mit Ihren eigenen Anmerkungen ergänzen. Das sind offene Fragen, die sich Ihnen beim Lesen stellen, Kritikpunkte, Diskussionspunkte aus den Gesprächen, Verweise auf andere Theorien und vieles mehr. Wenn der Lernstoff sich dazu anbietet, z.B. durch einen hohen Anteil an Faktenwissen, das auswendig gelernt werden muss, können Sie die Exzerpte weiter „destillieren" und handschriftlich oder am Computer kleine Merkkärtchen anfertigen. Bewährt haben sich kleine Karteikarten im DIN-A6-Format. Lassen Sie Ihrer Kreativität freien Lauf und wählen Sie für verschiedene Themengebiet unterschiedliche Farben, mit denen Sie die Karten umranden oder wählen Sie unterschiedliche Kartonfarben. So sehen Sie auf den ersten Blick, welche Karten zu welchem Thema gehören. Notieren Sie sich kurze Stichpunkte, anhand derer Sie den Lerninhalt nachvollziehen können. Sehr zu empfehlen ist dabei auch, die einzelnen Stichpunkte mit kleinen Symbolen oder Bildern zu versehen, die im Idealfall emotional belegt sind und als Gedächtnisstütze fungieren. Es hat sich außerdem bewährt, alle Karten nach demselben Schema zu gestalten.

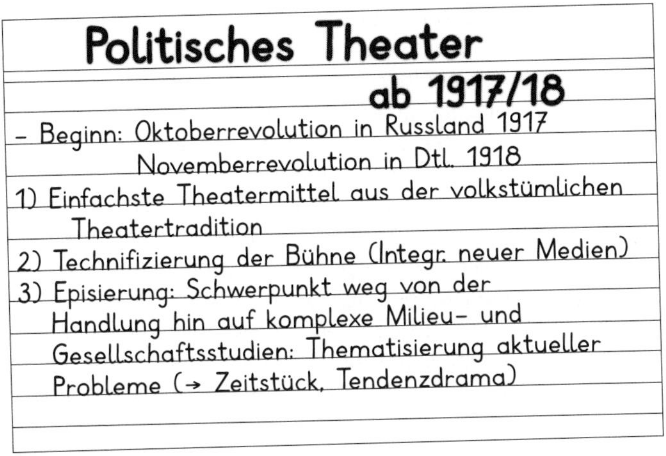

Politisches Theater
ab 1917/18

- Beginn: Oktoberrevolution in Russland 1917
      Novemberrevolution in Dtl. 1918
1) Einfachste Theatermittel aus der volkstümlichen
     Theatertradition
2) Technifizierung der Bühne (Integr. neuer Medien)
3) Episierung: Schwerpunkt weg von der
     Handlung hin auf komplexe Milieu- und
     Gesellschaftsstudien: Thematisierung aktueller
     Probleme (→ Zeitstück, Tendenzdrama)

Abbildung 2: Merkkarte

Neben der komprimierten Darstellung der Lerninhalte liegt ein weiterer Vorteil der Merkkarten darin, dass Sie sie klein gebündelt in Ihrer Hose oder Jackentasche überall hin mitnehmen können und z.B. auf der Busfahrt zur Uni, in der Mensa oder wann immer sich die Gelegenheit bietet, einen Blick darauf werfen können. Die überschaubare Anzahl der Kärtchen und die knappen Stichpunkte lassen den Lernstoff weniger umfangreich erscheinen und die Motivation, die Kärtchen durchzulesen, ist deutlich größer, als würde der lange Originaltext vor Ihnen liegen. Auch zum Einsatz in den Übungsdiskussionen eigenen sich die Karten als Spickzettel sehr gut.

2.3   Zum Umgang mit Literatur

- Von der Grundlagenliteratur zur Spezialliteratur:
Je nach Komplexität des Prüfungsthemas werden Sie sich mit mehr oder weniger anspruchsvollen Texten beschäftigen müssen. Gehen Sie es langsam an und beginnen Sie mit Einsteigerliteratur, beispielsweise Einführungstexten, und arbeiten Sie sich zu den schwierigeren Texten vor. Scheuen Sie sich nicht, online nach Fremdwörtern zu suchen, sie nachzuschlagen oder Kommilitonen und Dozenten um Hilfe beim Verstehen zu bitten. Wenn Sie mit einem Text auch nach mehreren Anläufen gar nicht klarkommen, halten Sie sich nicht länger mit ihm auf. Legen Sie ihn weg und streichen Sie ihn aus der Literaturliste! Sollten Sie diesen aber vorbereiten müssen, weil er auf der vorgegebenen Literaturliste der Prüfer steht, können Sie sich als letzte Möglichkeit auch direkt an den Prüfer wenden und Verständnisfragen stellen. Bereiten Sie sich gut vor, so dass Sie konkret und präzise nachfragen können und der Prüfer merkt, dass Sie sich wirklich mit dem Text befasst haben. Keine Sorge, er wird Sie aufgrund Ihrer Fragen nicht für dumm halten, sondern Ihre Anstrengungen positiv bewerten. Fragen zur Literatur bieten sich übrigens auch für den Besuch der Sprechstunde an (vgl. Kapitel 1.2 Die Prüfer).
- Von kurzen zu langen Texten:
Beginnen Sie mit kleinen Häppchen und wählen Sie zunächst kurze und einfache Texte aus. Diese sind schnell gelesen und verstanden und im Idealfall ist Ihre Neugier für weiterführende Texte geweckt. Außerdem tasten Sie sich so in kleinen Schritten an die anstehenden größeren Lese- und Lernarbeiten heran, ohne gleich zu Beginn überfordert zu sein und Ihre Motivation zu verlieren.
- Vom Überblickswissen zum Detailwissen und zurück:
Nähern Sie sich Ihrem gewählten Thema aus dem größeren Zusammenhang heraus. Auch hier eignet sich eine Mind-

Map oder eine einfache Skizze: Wo ist Ihr Thema verortet, welches sind die Nachbarthemen, welches sind die über- und untergeordneten Themenfelder? Wenn Sie in Ihren Vorbereitungen beim Detailwissen angekommen sind, werfen Sie im letzten Schritt wieder den Blick auf die übergeordneten Themen. Wahrscheinlich sehen Sie die Zusammenhänge nun präziser als zuvor!

- Arbeiten Sie im Text und mit dem Text:
  Gewöhnen Sie es sich an, immer mit einem Stift in der Hand zu lesen. Ob Sie wichtige Stellen mit einem bunten Marker oder mit Bleistiftunterstreichungen hervorheben, ist reine Geschmackssache. Bewährt haben sich auch kurze Notizen am Seitenrand, zum Beispiel Ausrufezeichen bei besonders wichtigen Stellen oder Fragezeichen bei Unklarheiten. Wenn Sie nicht mit Kopien oder eigenen Büchern arbeiten oder aus anderen Gründen keine Markierungen im Text vornehmen möchten, notieren Sie sich in kurzen Sätzen die wesentlichen Inhalte auf einem Post-it oder einem separaten Zettel und vergessen Sie nicht, die Seitenzahl anzugeben, z.B. links am Rand. So haben Sie nach dem Lesen auch gleich ein Exzerpt, mit dem Sie beim Schritt „Dokumentieren" weiterarbeiten können.

2.4   Partnerarbeit, Gruppenarbeit oder Alleingang?

Höchstwahrscheinlich haben Sie bereits in der Schulzeit Erfahrungen mit Partner- und Gruppenarbeit gesammelt und stehen dieser Arbeitsform eher positiv oder ablehnend gegenüber. Auch während des Studiums werden von Zeit zu Zeit Gruppenreferate oder Gruppenhausarbeiten vergeben und es wird stillschweigend vorausgesetzt, dass die manchmal bunt zusammengewürfelten Personen in der Lage sind, produktiv zusammen zu arbeiten.

Dabei ist zu beachten, dass sich nicht jeder Stoff und jeder Arbeitsschritt für die Gruppenarbeit eignet und der Erfolg von der Fach- und Sozialkompetenz der einzelnen Gruppenmitglieder sowie deren Motivation abhängt. Individuelle Eigenschaften wie z.B. Disziplin, Pünktlichkeit, Hilfsbereitschaft, Zuverlässigkeit und Fleiß kommen hier besonders zum Tragen, da sich diese direkt auf das ganze Team auswirken. Bestenfalls führt der erhöhte Druck auf den Einzelnen zu einer gesteigerten Arbeitsmoral, da die Verantwortung für die ganze Gruppe gilt. Das kann helfen, den inneren Schweinehund zu überwinden und sollten Gruppenmitglieder einen Durchhänger haben, fällt es leichter, sich gegenseitig zu motivieren und sich Mut zuzusprechen.

Im schlechtesten Fall kann allerdings auch das berühmte Phänomen einsetzen, für das „TEAM" auch stehen kann: „**T**oll **E**in **A**nderer **M**acht´s!". Dabei lehnen sich einige bequem zurück, während ein oder zwei „Zugpferde" den Hauptteil der Arbeit stemmen. Dies mag während des Studiums für die Vorbereitung von Gruppenreferaten oder –hausarbeiten wenige Konsequenzen haben, bei der Prüfungsvorbereitung allerdings könnte sich diese Haltung schnell rächen. Denn immer wenn eine Auseinandersetzung mit dem Prüfungsinhalt stattfindet, wird Wissen verfestigt und verknüpft.

Bei der Prüfungsvorbereitung ist Gruppenarbeit in jeder Phase (Themenwahl, Materialsuche, Diskutieren, Lernen, Dokumentieren) möglich. Sie müssen für sich persönlich aufgrund Ihrer bisherigen Erfahrungen abwägen, wo Sie lieber alleine oder mit anderen lernen möchten und ob dies auch organisatorisch machbar ist.

2.4.1 Gruppenarbeit

Folgende Aspekte können Ihnen helfen, sich für oder gegen eine Gruppenarbeit zu entscheiden:

- Der Inhalt muss sich eignen.
  Für Spezial- oder Randthemen, die nur Sie für die Prüfung
  ausgewählt haben, werden sich kaum Lerngruppen finden.
  Suchen Sie Gruppenmitglieder, die ähnliche Prüfungsthemen haben. Und auch die Lerninhalte an sich sollten sich
  zur Gruppenarbeit eignen. Reines Vokabellernen beispielsweise kann auch sehr gut alleine stattfinden.
- Die Personen müssen sich eignen.
  Gleiches Interesse sowohl am Thema, als auch an einer
  harmonischen Zusammenarbeit und natürlich einer möglichst guten Prüfungsnote, Fach- und Sozialkompetenz und
  die freiwillige Teilnahme sind Voraussetzung. Ebenso sollten
  sich die Vorstellungen darüber, wie die Gruppenarbeit konkret aussehen soll, decken. Ein ungefähr gleicher Leistungsstand ist ebenfalls sinnvoll, damit die Lerngruppe nicht zu
  einer Nachhilfegruppe wird, sondern alle gleichermaßen
  profitieren.
- Die Organisation der Treffen muss realisierbar sein.
  Decken sich die Vorstellungen vom Zeit- und Arbeitsauf-
  wand und können auch alle soviel Zeit investieren? Wie viel
  Zeit steht bis zur Prüfung zur Verfügung? Wo finden die
  Treffen statt und gibt es passende Räume? Wie häufig und
  wie lange trifft sich die Gruppe? Welche Inhalte sollen vorbereitet werden, welche Materialen müssen vorliegen? Wer
  besorgt fehlende Unterlagen, fertigt Kopien an etc.? Zur
  Organisation gehört auch die Planung für das nächste Treffen.

2.4.2 Partnerarbeit

Im Grunde gelten für die Partnerarbeit die gleichen Regeln
wie für die Gruppenarbeit. Dennoch ergeben sich bei der
Partnerarbeit weitere Vor- und Nachteile. Ein großer Vorteil

besteht darin, dass die Organisation auf ein Minimum reduziert werden kann. Absprachen können spontan getroffen werden, Materialien sind schnell ausgetauscht. Die Kommunikation kann also schnell und spontan stattfinden. Auch Spannungen, die innerhalb einer Gruppe auftreten können, finden zu zweit seltener statt oder können leichter besprochen und geklärt werden. Der Nachteil der Arbeit zu zweit liegt allerdings darin, dass die gesamte Texterarbeitung nur von zwei Personen erledigt werden muss und auch die Diskussionen begrenzte inhaltliche Reichweite haben. Wenn sich die Partner aber gut verstehen und auf gleichem Leistungsstand sind, profitieren beide davon sicherlich mehr als von Einzelarbeit. Nicht zu vernachlässigen ist die partnerschaftliche, soziale Kontrolle und die gegenseitige Motivation, falls einer der Lernpartner in einem kleinen Tief steckt.

2.4.3 Arbeit im Alleingang

Sie können sich natürlich aus verschiedensten Gründen auch für die Einzelarbeit entscheiden, sei es aus Überzeugung, aus Mangel an Möglichkeiten (wenn z.B. keine Personen verfügbar sind oder organisatorische Hürden im Weg stehen) oder aufgrund anderer Hindernisse (familiären Verpflichtungen, Abendstudium, Krankheit etc.). Dies setzt voraus, dass Sie

- alleine arbeiten können:
  Haben Sie die Zeit, sich alle Materialien eigenständig anzueignen (ausleihen, kopieren, lesen, exzerpieren etc.)? Haben Sie bereits genug Fachkenntnisse, um die Texte inhaltlich ohne Hilfe zu erschließen?
- und alleine arbeiten wollen:
  Sind Ihre Selbstregulationsmechanismen stark genug, um dauerhaft am Ball zu bleiben? Reichen Ihre Disziplin, Motivation, Ausdauer und Fleiß aus, um ohne Verpflichtungen

(z.B. feste Termine) und Kontrolle von außen durchzuhalten? Ertragen Sie die zum Teil langen, isolierten Stunden am Schreibtisch ohne soziale Interaktion?

Lediglich der Punkt „Diskussion" der 3D-Strategie ist dringend auf weitere Personen angewiesen. Ich empfehle Ihnen daher auch bei der weitestgehend isolierten Einzelarbeit eine anschließende Diskussionsrunde mit anderen Personen. Spätestens in der Prüfung werden Sie über die Prüfungsthemen sprechen müssen, daher sollten Sie es zumindest in dieser Phase vorab trainieren.

2.5 Thesenpapier, Gliederung, Mind-Map und Literaturliste

Wenn es in Ihrem Fachbereich üblich ist oder von Ihren Prüfern nach Absprache geduldet wird, dürfen Sie in der Prüfung ein Thesenpapier, eine Gliederung, eine Mind-Map oder ein beliebiges anderes Papier vorlegen, beispielsweise eine Kombination aus Gliederung und Thesenpapier. Dies ist ein großer Vorteil, den Sie bestmöglich nutzen sollten! Jede Form der Strukturierung bietet dabei unterschiedliches Potential und hat unterschiedliche Auswirkungen auf den Prüfungsverlauf. Sie sollten sich die Vor- und Nachteile der verschiedenen Strukturierungsmöglichkeiten bewusst machen, bevor Sie sich für eine Form entscheiden. Aber auch wenn Ihnen eine Strukturierungsform vorgegeben wird, sollten Sie deren Eigenschaften kennen.

2.5.1 Das Thesenpapier

Ein gelungenes Thesenpapier erfordert eine tiefe Einarbeitung in die Thematik, denn die Thesen sollten bereits zu erkennen geben, dass Sie fähig sind, kontrovers über den Prüfungsinhalt zu diskutieren. Das Thesenpapier ist meines Erachtens die anspruchsvollste Form der genannten Strukturierungsmöglichkeiten. Es fasst zentrale Informationen zusammen und spitzt sie auf wenige, zu diskutierende Thesen zu. Achten Sie darauf, dass Sie wirklich eine „These" und keine Tatsache oder ein Allgemeingut formulieren. Bei einer These handelt es sich um eine Behauptung oder Position, die argumentativ begründet und wissenschaftlich diskutiert werden kann. Formulieren Sie die Thesen knapp, aber in ganzen Sätzen. Verzichten Sie darauf, Thesen direkt aus der Fachliteratur abzuschreiben, sondern formulieren Sie sie lieber individuell mit eigenem Schwerpunkt. Die These sollte zum Nachdenken herausfordern, darf auch gerne provozieren, sollte aber auf jeden Fall diskussionswürdige, strittige oder sogar widersprüchliche Aspekte beinhalten. Ein häufiger Fehler besteht darin, dass Studierende mit einer These den bestehenden Forschungsstand oder unstrittige Feststellungen wiedergeben. Damit ist jeglicher Diskussion natürlich der Boden entzogen.

Wenn Sie unsicher sind, können Sie Ihre Prüfer in der Sprechstunde oder durch höfliche Anfrage per Email (gerne schon mit Vorschlägen) auch um nähere Auskunft darüber bitten, wie das Thesenpapier aussehen soll. Möglicherweise werden Ihnen direkt Beispiele genannt oder Sie erhalten ein Musterpapier. Thesen können auch in der Gruppendiskussion vorgebracht und auf Ihre Tauglichkeit für die Prüfung geprüft werden.

Name: Prüfungskandidatin
Prüfung am: 24.07.2015
Prüfer: Prof. Dr. Prüferin, Dr. Zweitprüfer
Uhrzeit: 10.30 – 11.15
Raum: KG 01-233

Thesenpapier Ganztagsschule

1) *Offene Modelle der Ganztagsschule bieten nur Betreuung, sinnvoll ist daher nur die gebundene Ganztagsschule.*
2) *Die Ganztagsschule muss kompensieren, was Familie und Halbtagsschule nicht (mehr) leisten können oder wollen.*
3) *Die rhythmisierte Ganztagsschule erfordert ein neues Rollenverständnis von Schülerschaft und Lehrer/innen.*
4) *Das Potential der Ganztagsschule wird häufig überschätzt.*

Abbildung 3: Thesenpapier

Im Idealfall führt die Diskussion einer These zu einem lebendigen Prüfungsgespräch, in dem Sie nicht nur zeigen können, dass Sie die Inhalte beherrschen, sondern auch, dass Sie versiert und fachlich kompetent diskutieren können. Auf diese Art und Weise können Sie deutlich machen, dass Sie sich sicher im Fachgebiet bewegen. In Kapitel 5 „Das Prüfungsgespräch" wird auf die hohe Bedeutung der verbalen Fähigkeiten für die Benotung eingegangen.

2.5.2 Die Gliederung

Eine Gliederung eignet sich für komplexe, logisch strukturierbare Inhalte und für Personen, die eine klare Hierarchisierung schätzen. In einer Gliederung werden die Inhalte sinnvoll in über- und untergeordnete Bereiche unterteilt, wobei die einzelnen Punkte inhaltlich weitestgehend abgeschlossen sind. Dadurch soll ein besserer Überblick über das Prüfungsthema gewährleistet werden. Die Arbeit mit Gliederungen eignet sich allerdings mehr für den Vorbereitungsprozess als für die Tischvorlage in der Prüfung (siehe auch Kapitel 5.1 Tipps zur Gesprächsführung).

Name: Prüfungskandidatin
Prüfung am: 24.07.2015
Prüfer: Prof. Dr. Prüferin, Dr. Zweitprüfer
Uhrzeit: 10.30 – 11.15
Raum: KG 01-233

Gliederung der Schwerpunktthemen

1. Organisationsentwicklung (OE)
    1.1 Was ist Organisationsentwicklung?
    1.2 Entstehung
    1.3 Warum OE?
    1.4 Konzept, Vorgehensweise und Methoden

2. Institutioneller Schulentwicklungsprozess (ISP)
    2.1 Von der OE zum ISP
    2.2 Warum ISP?
    2.3 Phasen des ISP
    2.4 Kritik an Schulentwicklung

3. Pädagogische Professionalität
    3.1 Merkmale von Profession
    3.2 Besonderheiten des Lehrberufs
    3.3 Theorien: Stichweh, Oevermann, Terhart/Bauer
    3.4 Forschungsstand und Perspektiven

Abbildung 4: Gliederung

Eine Gliederung bietet zwar einen strukturierten Überblick, kann den Prüfer aber zum „Abarbeiten" der einzelnen Punkte verleiten. Dies führt schnell zu einem Frage-Antwort-Spiel, wobei Sie als Prüfling in der passiven Rolle sind und nicht mehr „agieren", sondern tendenziell „re-agieren". Damit geht ein wesentlicher Vorteile der mündlichen Prüfung verloren: Sie sind den Fragen nun ausgeliefert und können sehr wenig selbst steuern. Dies mag zunächst bequem sein, kann sich aber schnell rächen. Wenn Sie Pech haben, fragt der Prüfer genau jene Bereiche ab, die Sie nicht gut beherrschen, während Ihre Lieblingsaspekte nicht angesprochen werden. Konnten Sie mehrere Fragen nicht oder nur unzureichend beantworten, wirkt sich dies auf den weiteren Verlauf der Prüfung negativ aus. Sie selbst werden immer unsicherer und der Prüfer wird dazu übergehen, möglichst einfache und knappe Fragen zu stellen, um wenigstens ein Bestehen der Prüfung zu sichern. Dabei geht wertvolle Zeit verloren, in der Sie sonst in einer selbstbewussten und eigeninitiativen Darstellung hätten überzeugen können. Wenn der Prüfer also nicht ausdrücklich eine Gliederung verlangt, ist sie als Tischvorlage weniger empfehlenswert.

2.5.3 Die Mind-Map

Eine Mind-Map, zu deutsch „Gedanken- oder Gedächtnislandkarte", ist zu Beginn und am Ende der Prüfungsvorbereitung besonders sinnvoll. Indem eine vernetzte Struktur der Lerninhalte mit Wörtern, Farben, Symbolen und Bildern visuell dargestellt wird, erfolgt auch eine gedankliche Systematisierung und Gliederung. Dieser logische Aufbau und die optisch ansprechende Darstellung erleichtern die Erarbeitung eines Themenbereichs. Ein Vorteil liegt darin, dass es durch das assoziative und individuelle Vorgehen kein „richtig" oder „falsch" gibt.

Im Internet gibt es viele Beispiele und kostenlose Software zum Erstellen von Mind-Maps. Allerdings haben handschriftliche Mind-Maps ihren eigenen Charme und können jederzeit einfach ergänzt und verändert werden. Es gibt verschiedene Möglichkeiten der Gestaltung und des Aufbaus. Um eine einfache Mind-Map zu erstellen, sind im Grunde nur folgende Regeln zu beachten:

- Beginnen Sie in der Mitte mit dem zentralen Schlüsselwort oder einem Bild, das das zentrale Thema darstellt.
- Zeichnen Sie nun ausgehend vom Mittelpunkt Linien, die Sie entweder ebenfalls beschriften oder an deren Ende sie ein weiteres Schlüsselwort oder Bild setzen. Dies alles geschieht im ersten Durchgang spontan und assoziativ.
- Wenn Sie die Linien rund um den Mittelpunkt angeordnet und beschriftet haben, können Sie die Linien weiter verzweigen oder nebeneinander liegende miteinander verbinden.
- Gehen Sie bewusst mit Schriftarten, Farben und Symbolen um, so dass diese sinnvoll Zugehörigkeiten widerspiegeln.
- Sie können auch Bildern und Symbolen verwenden, solange alles übersichtlich bleibt. Bebilderte Mind-Maps lassen sich häufig besser merken als reine Textzweige.

Eine erste Mind-Map zu einem neuen Thema wird natürlich anders aussehen als eine Mind-Map, die Sie nach einer längeren Beschäftigung mit einem Thema anfertigen. Daher empfiehlt sich ein flexibler Umgang damit. Sie können die ursprüngliche Mind-Map jederzeit überarbeiten, verändern und ergänzen oder auch ganz neu gestalten. Am Ende sollten Sie eine Mind-Map erarbeitet haben, in die Ihr ganzes Wissen zum Thema eingeflossen ist und auch Fachtermini, Theorien etc. der gelesenen Literatur auftauchen.

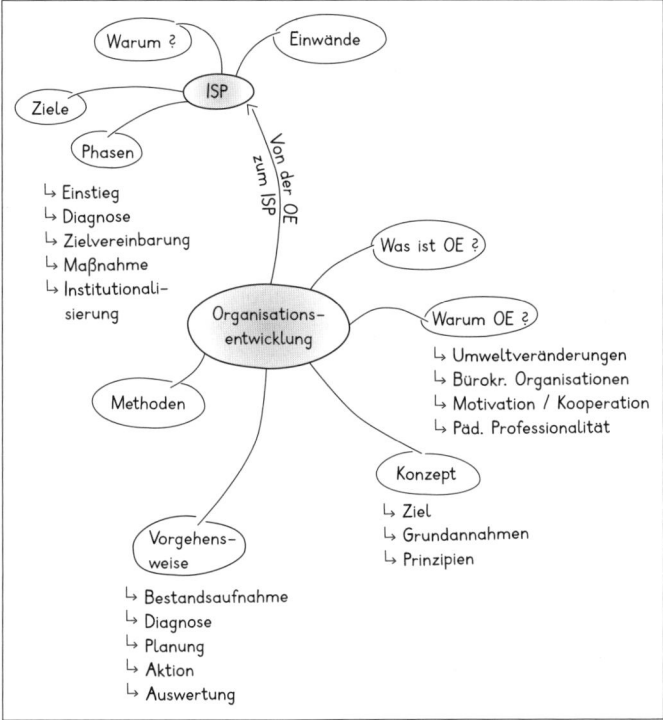

Abbildung 5: Mind-Map

TIPP

Sie können anhand einer Mind-Map sehr gut zeigen, wie weitreichend Sie sich mit der Materie befasst haben, dass Sie die Nachbarthemen und –theorien kennen, diese inhaltlich verknüpfen und über den Tellerrand des konkreten Prüfungsthemas hinausschauen können.

Die Mind-Map bietet viele Gesprächsanlässe, wobei – im Gegensatz zu den Thesen – die Diskussionsfragen von den Prüfern erst entwickelt werden können. Die Prüfer werden wahrscheinlich einige Punkte der Mind-Map ansprechen und Sie auffordern, diese zu erläutern.

Der vermeintliche Nachteil an Mind-Maps, dass diese sehr individuell seien und vom Autor erst erläutert werden müssten, ist hier sogar erwünscht. Denn damit ist ein Gesprächsanlass gegeben und Sie selbst steuern mit Ihrer Antwort die Richtung. Bei manchen Prüfern haben Sie die Möglichkeit, selbst in das Thema einzusteigen (vgl. Kapitel 5.2 Die wichtigen ersten Minuten). Nutzen Sie diese Chance unbedingt und bereiten Sie einen guten Einstieg vor! Wenn Sie eine Mind-Map vorlegen dürfen, bietet es sich an, einen kurzen Überblick über diese zu geben und den Aufbau zu begründen. Dies kann zum Beispiel in Form des oft geforderten „Drei-Minuten-Vortrags" geschehen.

2.5.4 Die Literaturliste

In den meisten Prüfungen wird erwartet, dass Sie auch eine Literaturliste vorlegen. Für die formale Gestaltung gibt es Standards in Ihrem Fachbereich oder Vorgaben der Prüfer, an die Sie sich halten sollten. Unterschätzen Sie die Wirkung dieser Liste nicht. Aus eigener Erfahrung weiß ich, dass bereits anhand der Auswahl der Literatur – sofern eine freie Auswahl möglich ist – und deren Darstellung schon deutliche Vorannahmen über den Prüfungskandidaten entstehen. Neben der Pflichtlektüre, die auf jeden Fall vollständig angegeben und gelesen sein muss, zeigt die weitere Auswahl der Texte, ob sich der Prüfungskandidat mit einschlägiger, komplexer Fachliteratur beschäftigt und auch Nebengebiete einbezogen hat oder ob die Quellen eher einfacher Natur sind, wie zum Beispiel Einführungstexte oder Berichte aus Zeitungen und Ratgebern. Achten Sie akribisch darauf, in der Literaturliste tatsächlich nur diejenigen Texte anzugeben, die Sie auch wirklich vorbereitet haben. Geben Sie die genauen Seitenzahlen an, falls Sie nur Auszüge gelesen haben. Es kommt leider immer wieder vor, dass Prüfungskandidaten, wenn sie konkret zu einem angegebenen Text befragt werden, zugeben müssen, diesen nicht gelesen zu haben. Als Prüfer empfindet man diese Mogelei als dreist und der Prüfungskandidat kann sich damit schnell Sympathien verspielen.

 TIPP

Es lohnt sich, bei der Erstellung der Literaturliste sehr sorgfältig zu arbeiten, denn Sie präsentieren sich damit selbst! Achten Sie auf eine korrekte und ansprechende Darstellung.

Eine nachlässige Darstellung der Literaturliste , sowie im Allgemeinen jeder Korrespondenz, in der z.B. gehäuft Tippfehler vorkommen, die Jahreszahlen fehlen oder unterschiedliche Darstellungsformen gewählt werden – einmal sind Vornamen angegeben, einmal nicht, Abkürzungen tauchen in verschiedenen Formen auf, Schriftarten und –größen wechseln etc. – werfen sofort ein schlechtes Licht auf Sie. Die Prüfer könnten Ihnen Nachlässigkeit und Faulheit unterstellen, eventuell auch mangelnde Kenntnis der fachspezifischen Gepflogenheiten. Falls Sie diese Papiere nicht per Mail schicken, sondern ausgedruckt abgeben, achten Sie bitte darauf, dass das Papier sauber und geruchsfrei ist. Sie können sich vorstellen, dass Rotwein- und Kaffeeflecken, Tierhaare, Tabakkrümel und Zigarettengeruch kein gutes Bild von Ihren Arbeitsgewohnheiten erzeugen. Daher sollten Sie penibel auf eine korrekte und ansprechende Darstellung achten – ein vergleichsweise einfacher Weg, um von Anfang an einen guten Eindruck zu machen!

3. Problemlösungen in der Vorbereitungsphase

3.1 Schlechte Planung und Zeitdruck
3.2 Motivationstief
3.3 Aufschiebeverhalten
3.4 Prüfungsangst
3.5 Krankheit, Krisen oder Schicksalsschläge

Es ist ganz normal, dass nicht immer alles perfekt nach Plan läuft. Dies sollte Sie zunächst nicht beunruhigen – sehen Sie es als weitere Herausforderung, an der Sie langfristig wachsen. Denken Sie daran, dass wahrscheinlich jeder Prüfungskandidat in der Vorbereitungsphase mit Problemen zu kämpfen hat. Erfolg im Studium, in Prüfungen und im Beruf hängen insbesondere davon ab, wie mit Hindernissen umgegangen wird. Einiges weist darauf hin, dass Fähigkeiten wie Durchhaltevermögen und Frustrationstoleranz mindestens so wichtig sind wie die intellektuelle Begabung. Wenn Sie es schaffen, sich trotz Widrigkeiten immer wieder aufzuraffen, sich selbst zu motivieren, Ablenkungen zu trotzen und störende Gedanken auszublenden, werden Sie konzentriert arbeiten können und zügig vorankommen. Die gute Nachricht ist: Es lässt sich üben!

 TIPP

Zum Erfolg gehören nicht nur Intelligenz, sondern auch der nötige Biss, Durchhaltevermögen und ein dickes Fell. Lassen Sie sich von Rückschlägen nicht entmutigen, sondern sehen Sie sie als Teil der Prüfungsvorbereitung, an welchen Sie wichtige Fähigkeiten wie Frustrationstoleranz und Ausdauer schulen. Sie werden daran wachsen!

Sie werden es wahrscheinlich nicht verhindern können und es auch nicht verhindern müssen, dass das eine oder andere Problem auftaucht. Wichtig ist allerdings, dass Sie Ihren Vorbereitungsprozess aufmerksam beobachten, um Schwierigkeiten rasch zu erkennen. So können Sie zum Beispiel alle paar Tage kurz innehalten und mit Blick auf Ihren Zeit- oder Arbeitsplan (vgl. Kapitel 1.5) überlegen, ob alles so läuft, wie geplant. Probleme in der Vorbereitungsphase sollten möglichst frühzeitig Anlass für eine Kursänderung sein. Im Folgenden werden die häufigsten Probleme im Überblick dargestellt. Im Literaturverzeichnis finden Sie Empfehlungen für weiterführende Literatur.

3.1   Schlechte Planung und Zeitdruck

Ob Sie schlecht geplant und die Lernmenge unterschätzt haben, krank geworden sind, zu faul waren, Ihre Prüfungsangst das Lernen blockiert hat oder ein schlimmes privates Ereignis eingetreten ist – dies alles führt zu Verzögerungen und damit zwangsläufig zum Hauptproblem: Zeitdruck. Wenn alle Stricke reißen, die Zeit drängt und Sie keinen anderen Ausweg sehen, können Sie vorübergehend (!) folgende Maßnahmen ergreifen, um mehr Lern- und Regenerationszeit zu haben:

• Schränken Sie private Vergnügungen wie Geburtstagsfeiern und Partys ein oder sagen Sie sie ab. Treffen Sie solch eine Entscheidung aber wohlüberlegt, denn wenn Sie schon den ganzen Tag gelernt haben und abends einen Partybesuch absagen, heißt das nicht automatisch, dass Sie die gewonnenen Stunden wirklich produktiv arbeiten können. Wenn Sie erschöpft sind, sollten Sie den freien Abend zur Erholung nutzen, um am nächsten Tag wieder gestärkt zu sein. Vielleicht ärgern Sie sich auch sehr, nun etwas zu verpassen.

Falls Sie schon ahnen, dass es darauf hinausläuft, gehen Sie lieber zur Party und genießen Sie den Abend bewusst als kleine Auszeit.

- Sie können ausnahmsweise auch die Abendstunden und die Wochenenden zum Lernen nutzen. Sinnvoll ist dies allerdings nur, wenn Sie vor Müdigkeit nicht mit offenen Augen einschlafen.
- Bitten Sie Freunde und Familie um Unterstützung im Haushalt (vgl. Kapitel 1.4). Sie können sich zum Beispiel Einkäufe oder fertige Mahlzeiten mitbringen lassen, sich bekochen lassen oder sich Hilfe beim Putzen, Bügeln etc. holen.
- Reduzieren Sie Ihre Ansprüche was die Wohnungspflege betrifft. Staub und Wollmäuse können getrost eine gewisse Zeit ignoriert werden. Verzichten Sie aufs Bügeln – abgesehen vom Hemd, das Sie in der Prüfung tragen werden – und auf Arbeiten wie Gardinenwaschen, Fahrrad putzen, Flur reinigen, Fensterputzen etc.
- Ernähren Sie sich einfach und ohne viel Aufwand, um Zeit für Einkäufe und Zubereitung zu sparen und möglichst wenig Geschirr zu produzieren. Ideal sind z.B. Müslimischungen zum Frühstück, frisches Obst und Nüsse für zwischendurch, schnelle Mittagsgerichte wie Rührei, ein Besuch in der Mensa oder bei einem Imbiss. Wenn es Ihnen allerdings viel Freude bereitet zu kochen, dann tun Sie es genussvoll und entspannt.
- Sie sollten sich nicht gerade in der Prüfungsphase auf einen Marathon vorbereiten und täglich stundenlang auspowern. Umgekehrt sind stundenlanges Sitzen, Lesen und Lernen ebenfalls nicht ideal für Ihren Körper, so dass es vernünftig ist, moderaten Ausgleichssport zu treiben. Beim Sport können Sie sich körperlich verausgaben und Ihren Geist beruhigen, Sie beugen Kopf- und Rückenschmerzen vor, verbessern Ihre Sauerstoffversorgung und schlafen erholsamer. An dieser Stelle Zeit einzusparen wäre also an der falschen Stelle gespart.

Sollte es sich trotz Zeitsparmaßnahmen abzeichnen, dass Sie
es nicht schaffen werden, den Lernstoff in der noch verbleibenden Zeit zu verinnerlichen, haben Sie mehrere Möglichkeiten:

- Risiko:
  Sie können nach dem Motto „Mut zur Lücke" (vgl. auch
  Kapitel 1.3 „Überblickswissen oder Detailwissen") in die
  Prüfung gehen und Glück haben, es kann aber auch schief-
  gehen. Planen Sie die Lücke strategisch: Bietet es sich an,
  einzelne thematische Randgebiete auszulassen und auf De-
  tailinformationen zu verzichten? Oder handelt es sich bei
  diesen um die Lieblingsthemen des Prüfers? Dann könnte
  es klüger sein, stattdessen auf einige Basistexte zu verzichten. Egal was Sie weglassen, streichen Sie es bitte auch aus
  der Literaturliste! Es gibt kaum eine peinlichere Situation,
  als wenn in der Prüfung auffliegt, dass die angegebene Literatur nicht vollständig gelesen wurde.
  Das „Mut-zur-Lücke"-Vorgehen eignet sich wirklich nur für
  den Notfall, daher empfehle ich folgenden Alternativplan.
- Mit dem Prüfer verhandeln:
  Bitten Sie Ihren Prüfer um einen Gesprächstermin oder suchen Sie ihn rechtzeitig vor der Prüfung in der Sprechstunde
  auf. Schildern Sie ihm Ihre Probleme mit dem Lernumfang
  bzw. mit den Inhalten und der Zeitplanung. Erklären Sie ihm,
  dass es in der noch verbleibenden Zeit bis zur Prüfung sehr
  schwierig werden wird, den noch ausstehenden Lernstoff
  zu erarbeiten. Schlagen Sie dann zum Beispiel eine andere
  Schwerpunktsetzung der Themen vor. Sie überlegen sich
  natürlich im Vorfeld, was für Sie leichter und schneller zu
  lernen ist oder worin Sie sich schon gut auskennen! Vielleicht ist es auch möglich, das ganze Themengebiet einzu-
  grenzen. Gehen Sie gut vorbereitet in das Gespräch und
  machen Sie ernstgemeinte und keine zu dreisten Vorschläge. Achten Sie darauf, freundlich und höflich aufzutreten

– schließlich wollen Sie ja etwas vom Prüfer. Vermeiden Sie allerdings eine unterwürfige Art, das kann schnell als anbiedernd empfunden werden. Der Prüfer wird Ihnen nur aus Freundlichkeit mit Sicherheit keine Vorteile gewähren, wird aber gewiss bereit sein, Ihnen entgegenzukommen, wenn er merkt, wie wichtig Ihnen Ihr Anliegen ist.

 VORSICHT FETTNÄPFCHEN!

Erfahrungsgemäß kommt es gar nicht gut an, wenn Sie Ihr Anliegen mit „Diesen Sommer waren so viele Festivals." oder „Ich war zu faul zum Lernen." begründen und frech-naive Forderungen stellen, um den Lernstoff zu kürzen. Ehrlichkeit in allen Ehren, aber klüger ist es, in solchen Fällen eine schlechte Planung anzuführen: „Das habe ich mir selbst zuzuschreiben, ich habe die Komplexität des Themas unterschätzt.", Probleme mit der Literaturbeschaffung: „Auch über Fernleihe waren die wichtigsten Bücher leider vergriffen, so dass ich einige Wochen warten musste." oder – falls es wahr ist – familiäre oder gesundheitliche Gründe zu nennen.

Die Prüfung kurz- oder langfristig aufschieben:
Wenn Sie der Meinung sind, dass Ihnen zum Lernen nur wenige Tage, höchstens ein bis zwei Wochen fehlen, können Sie die Prüfung z.B. mit einer Krankschreibung vom Arzt oder durch einen Termintausch mit Kommilitonen um einige Tage oder Wochen verschieben, falls dies auch organisatorisch durchführbar ist. Halten Sie diesbezüglich unbedingt Rücksprache mit dem Prüfungsamt. Die Prüfer müssen verfügbar sein und es gibt Fristen, in denen die Prüfungen abgeschlossen sein müssen.

Ist es absehbar, dass Sie auch in dieser Zeitspanne den Lernstoff nicht aufholen, können Sie sich unter Umständen für die Prüfung abmelden und im nächsten Semester erneut anmelden. Erkundigen Sie sich vorab beim Prüfungsamt über die Modalitäten. Möglicherweise würde die Prüfung in diesem Fall als „nicht bestanden" oder „nicht angetreten" gewertet und Sie müssten zu einer offiziellen Wiederholungsprüfung antreten. Damit würde Ihnen sozusagen ein „Freischuss" für eine Wiederholungsprüfung entgehen. Erkundigen Sie sich also rechtzeitig über die Bedingungen an Ihrer Hochschule.

- Zeitsparmaßnahmen durchführen
- Lernstoff reduzieren: Mut zur Lücke!
- Mit den Prüfern verhandeln: Das Thema eingrenzen oder andere Schwerpunkte setzen
- Die Prüfung kurz- oder langfristig verschieben

3.2 Motivationstief

Manchmal ist die Luft einfach raus und Sie können und wollen sich nicht mehr mit dem Prüfungsstoff beschäftigen. Sie haben keine Lust mehr, sind frustriert, langweilen oder fühlen sich wie blockiert und quälen sich durch Ihre Texte. Am Ende des Tages haben Sie entweder gar nicht gelernt oder haben stundenlang unkonzentriert und unproduktiv am Schreibtisch gesessen. Wenn es sich um ein vorübergehendes Phänomen handelt, das ein paar Tage andauert, stecken Sie vermutlich in einem Motivationstief. Es ist ganz normal, dass lange Arbeitsphasen von Höhen und Tiefen begleitet werden.
Versuchen Sie, zunächst die Ursachen zu ergründen, um herauszufinden, ob es sich tatsächlich „nur" um ein kleineres Motivationstief handelt oder ob ernstere, psychologische oder körperliche Ursachen hinter Ihrer Unlust stecken könn-

ten. Falls Sie chronisch aufschieben und schon häufiger Probleme dadurch hatten, sollten Sie das nächste Kapitel „Aufschiebeverhalten" lesen. In leichten Fällen lässt sich das Motivationstief meist auch mit einfachen Mittel beheben. Die folgenden Tipps sind übrigens auch hilfreich, um einem Motivationstief vorzubeugen.

- Motive.
  In dem Begriff „Motivation" steckt das Wort „Motiv", was den Beweggrund hinter einem Verhalten bezeichnet. Spielen mehrere bewusste oder unbewusste Motive zusammen und scheinen die Erwartungen erreichbar, spricht man von „Motivation". In Bezug auf die Prüfung und deren Vorbereitung sollten Sie sich fragen, warum Sie eigentlich lernen und die Prüfung absolvieren.

 ÜBUNG

Diese Fragen können Ihnen helfen, Ihre Motive zu ergründen und Ihre Motivation aufrecht zu erhalten: Was treibt Sie an? Fühlen Sie echtes Interesse an der Sache oder eher gesellschaftlichen, sozialen Druck, beispielsweise der Eltern? Sehen Sie die Abschlussprüfung als Höhepunkt, um endlich zu beweisen, was Sie können und zu brillieren, eher gleichgültig als notwendiges Übel oder als angstbesetzte Bewährungssituation? Ist die Prüfung Mittel zum Zweck für eine gute Note und den angestrebten Arbeitsplatz oder geht es Ihnen in erster Linie um persönliches Wachstum, Wissenszuwachs und Qualifikation für die Zukunft?

Ihre individuelle Einstellung zum Lernen beeinflusst Ihre Motivation maßgeblich. Das Lernen fällt Ihnen umso leichter, je klarer Sie Ihre Motive und Ihre Ziele vor Augen haben. Oft hilft es schon, sich diese zu vergegenwärtigen, wenn Sie lustlos und unmotiviert sind. Machen Sie sich in diesem Fall ein klares Bild vom erreichten Zielzustand, lassen Sie dieses ein paar Minuten wirken und fangen Sie erst dann mit der Arbeit an. Solche Visualisierungen können Sie täglich und für die verschiedensten Lebensbereiche einüben. In der Prüfungsvorbereitung, aber auch im Studienalltag, kann es nützlich sein, sich in den Minuten vor dem Einschlafen den nächsten Morgen bildlich vorzustellen: Sie sitzen an Ihrem Schreibtisch, ausgeschlafen, konzentriert und hochmotiviert und beginnen mit der Arbeit. Sie blenden alle Ablenkungen aus und versenken sich in den zu lesenden oder lernenden Text.

- Inhalte:
  Arbeiten Sie schon zu lange mit denselben Inhalten und langweilen Sie sich? Verstehen Sie die Texte nicht, fühlen Sie sich überfordert? Sehen Sie keinen Wissenszuwachs oder haben Sie sich möglicherweise ungeeignete, zu wenig oder zu viel Literatur besorgt? Fühlen Sie sich von der Menge des Lernstoffs erschlagen?

TIPP

Arbeiten Sie abwechslungsreich und wecken Sie Ihr Interesse am Thema! Vermeiden Sie es, tagelang am selben Thema zu arbeiten, sondern teilen Sie es in sinnvolle und kleine Abschnitte ein.

Sie können sich zum Beispiel jeden Tag eine halbe Stunde für das Auswendiglernen und Wiederholen von Vokabeln, Daten, Fakten, Namen oder Argumentationsschritten freihalten, statt das Auswendiglernen auf die letzten Tage vor der Prüfung zu verschieben. Es wird Ihnen viel leichter fallen, sich das Gelernte zu merken und es wird auch besser verankert, als wenn Sie im Schnelldurchgang lernen. Das gleiche gilt für die Erarbeitung neuer Texte: Statt sich vorzunehmen, an einem Vormittag einen Text vollständig durchzuarbeiten, sollten Sie lieber in Zeitfenstern planen. Nehmen Sie sich vor, höchstens 45 Minuten am Text zu arbeiten, egal wie weit Sie kommen, und legen Sie ihn dann zur Seite. Bei sehr anspruchsvollen Texten können Sie das Zeitfenster nach eigenem Ermessen verkürzen, zum Beispiel auf zehn Minuten. Sollten Sie dabei neugierig werden, Ehrgeiz entwickeln oder sogar Spaß beim Lesen haben, können Sie natürlich weiterarbeiten. Ansonsten machen Sie sich erst am Nachmittag oder am folgenden Tag wieder an die Arbeit und wechseln nun zu einem anderen Arbeitsschritt, zum Beispiel Exzerpieren, Auswendiglernen, Recherchieren oder Diskutieren. Der Wechsel der Inhalte und Arbeitsmethoden schützt vor Eintönigkeit und Langeweile und hilft beim Durchhalten. Hilfreich ist dabei auch der Einsatz eines Weckers, damit Sie die geplanten Zeitfenster einhalten.

- Äußere Umstände:
  Haben Sie Ruhe zum Lesen und Lernen oder werden Sie ständig gestört, zum Beispiel durch den Lärm einer Baustelle, laute Musik aus dem Nachbarhaus, Hundegebell oder das Telefon? Eliminieren Sie Störquellen, wenn dies möglich ist. Stellen Sie Ihr Telefon auf lautlos oder ziehen Sie den Stecker heraus, arbeiten Sie mit Ohrstöpseln oder ziehen Sie sich zum Lernen in einen ruhigeren Raum zurück. Gehen Sie zum Arbeiten in die Bibliothek. Wenn alles nichts hilft, können Sie sich bei Freunden und Verwandten vielleicht vorübergehend oder stundenweise einnisten, um dort in Ruhe zu arbeiten.
  Möglicherweise fällt Ihnen zu Hause aber auch die Decke auf den Kopf. Packen Sie Ihre Lernunterlagen ein und suchen Sie sich ein Plätzchen im Freien, legen Sie sich ins Schwimmbad, fahren Sie mit dem Bus die längste Strecke durch die Stadt oder setzen Sie sich in ein Café. Finden Sie heraus, wie Sie am besten lernen können und wo Sie sich am wohlsten fühlen. Wenn Sie wollen, können Sie für be-

stimmte Arbeitsschritte auch immer denselben Ort aufsuchen und beispielsweise zum Auswendiglernen immer ins Café gehen oder zum Lesen im Bus fahren. Ihr Unterbewusstsein wird diesen Ort nach einiger Zeit mit der Lernaufgabe verknüpfen. Auch für zu Hause können Sie bestimmte Arbeitsorte definieren, zum Beispiel auf dem Sofa liegend lesen, am Küchentisch mit Tee Vokabeln lernen, stehend an der Pinnwand Mind-Maps entwerfen etc.

- Arbeitsmittel und Technik:
  Funktionieren Ihr Computer und Ihre Internetverbindung einwandfrei? Sind Ihre Lernunterlagen strukturiert, geordnet und schnell auffindbar? Sitzen Sie bequem am Schreibtisch, ist Ihre Lampe hell genug, schreiben Ihre Stifte, haben Sie genug Papier etc.? Machen Sie es sich einfach und sorgen Sie dafür, dass alles funktioniert und verfügbar ist.

- Sie selbst:
  Haben Sie Konzentrationsprobleme durch zu wenig Schlaf, Vitaminmangel (bitte ärztlich abklären lassen), Gedankenkarussell und Sorgen oder ungeeignete Ernährung, z.B. große Mengen an fettem Essen? Oder sind Sie antriebslos und können sich keinen Ruck geben, um mit der Arbeit anzufangen? Wenn Sie sich immer wieder bereitwillig ablenken lassen oder auch selbst ablenken und den Arbeitsbeginn immer wieder aufschieben, sollten Sie das nächste Kapitel (3.3 Aufschiebeverhalten) lesen.
  Achten Sie auf ausreichenden Schlaf und gesunde Ernährung. Kreisen Ihre Gedanken ständig um die Prüfung (siehe Kapitel 3.4 Prüfungsangst) oder sind Sie über andere Dinge besorgt, versuchen Sie zunächst, diese Gedanken bewusst wahrzunehmen und dann gezielt zu beeinflussen. Entspannungsmethoden wie das Autogene Training oder verschiedene Meditationsformen sind zwar wirksam, müssen aber erst erlernt und eingeübt werden. Wenn Sie wenig Zeit haben, können Sie auf direkt anwendbare Methoden aus-

weichen wie zum Beispiel die „Progressive Muskelentspannung", die Sie parallel beim Anhören (CD, Hörbuch, Online) durchführen können. Sie werden rasch merken, ob Ihnen dies zusagt oder ob Sie besser durch Sport, Spazierengehen, Musikhören oder zusammen mit Freunden abschalten können.

Wenn Sie im Arbeits- und Lernprozess ständig mit ablenkenden und negativen Gedanken und Gefühlen zu kämpfen haben, sollten Sie sie zur Kenntnis nehmen und sich vorstellen, dass sie wie Wolken vorüberziehen. Sie können diese auch kurz notieren und sich später, wenn Sie fertig mit Ihrem Arbeitspensum sind, noch mal bewusst damit auseinandersetzen. Möglicherweise dauert es nicht allzu lange, bis Ihr Unterbewusstsein registriert, dass Sie nun im Arbeitsmodus sind und die anderen wichtigen Themen zu einem anderen Zeitpunkt an der Reihe sind. Wenn Sie es eine Zeit lang schaffen, ablenkende und vielleicht auch drängende Gedanken zumindest in den Arbeitsphasen auszublenden oder als Notizen auf später zu verschieben, wird Ihnen das zunehmend leichter fallen. Konzentriertes Arbeiten lässt sich trainieren.

- Machen Sie sich Ihre Motive bewusst. Stellen Sie sich Ihr erreichtes Ziel immer wieder bildlich vor.
- Wecken Sie Ihr Interesse am Thema, wechseln Sie beim Lernen verschiedene Inhalte ab und teilen Sie diese in kleine Abschnitte ein.
- Machen Sie rechtzeitig Pausen und arbeiten, lesen oder lernen Sie höchstens 45 Minuten am Stück.
- Vermeiden Sie Störungen und Lärm.
- Wechseln Sie Ihrem Körper zuliebe häufig Ihre Position. Lernen Sie stehend, sitzend, laufend und liegend, im Sessel, in der Hängematte, in der Badewanne usw.
- Sorgen Sie für Ordnung, optimale Ausstattung und einwandfreie Technik.
- Sorgen Sie für sich selbst, indem Sie sich gesund ernähren und ausreichend schlafen.
- Üben Sie Konzentration: Je öfter Sie konzentriert arbeiten, umso leichter fällt es Ihnen.

3.3   Aufschiebeverhalten

Vielleicht kommt Ihnen folgendes Szenario bekannt vor: Es ist 8.30 Uhr und obwohl Sie sich vorgenommen hatten, direkt nach dem Frühstück mit dem Lesen eines schwierigen Textes zu beginnen, können Sie sich nicht dazu aufraffen. Erst holen Sie sich noch eine zweite Tasse Kaffee, weil Sie sich noch müde fühlen, dann blättern Sie ein bisschen in der Zeitung und bleiben bei einem interessanten Artikel hängen. Es ist nun kurz nach 9 Uhr und Sie gehen ins Arbeitszimmer, um den Computer zu starten und Ihre Mails abzurufen. Eine Freundin fragt per Mail, ob Sie mit ihr am Wochenende einen Freizeitpark besuchen möchten und bittet um rasche Antwort. Sie

recherchieren nach den Öffnungszeiten, Preisen und An-
fahrtsmöglichkeiten und bevor Sie Ihrer Freundin zurück-
schreiben, surfen Sie noch im Internet nach dem Wetterbe-
richt und dem aktuellen Tagesgeschehen. Nach dem Verfassen
der Antwortmail ist es 10.30 Uhr und Sie sagen sich selbst,
dass Sie nun aber wirklich mit der Arbeit anfangen müssen.
Leider finden Sie den Text gerade nicht, den Sie heute lesen
wollten. Schlecht gelaunt durchwühlen Sie die Unterlagen auf
dem Tisch, als Ihr Handy klingelt. Nach weiteren 15 Minuten
beenden Sie das Telefonat, sehen, dass der Akku fast leer ist
und suchen das Netzteil. Dabei fällt Ihnen auf, dass Ihre Zim-
merpflanzen dringend gegossen werden müssen. Nachdem
Sie auch das erledigt haben, holen Sie sich ein Glas Wasser in
der Küche und gehen zurück in Ihr Arbeitszimmer. Beim An-
blick des durchwühlten Stapels Papier verspüren Sie Fluchtge-
danken und schauen auf die Uhr. Es ist mittlerweile fast 11
Uhr und da Sie sich um 12 Uhr mit einem Freund in der Mensa zum Essen verabredet haben und 15 Minuten zu Fuß unterwegs sein werden, beschließen Sie, dass es sich heute
Vormittag nicht mehr lohnt, mit dem Lesen anzufangen.
„Aber morgen ist ja auch noch ein Tag!" beruhigen Sie Ihr
schlechtes Gewissen…
Das tägliche Aufschieben von kleinen oder größeren Aufgaben kennt jeder und nicht immer müssen daraus Nachteile
entstehen. Es kann sogar den Genuss steigern, wenn man
weiß, dass man eigentlich lernen sollte, aber zuerst lieber
noch das spannende Kapitel des Krimis fertig liest.
Wenn Sie – wie die meisten Menschen – hier und da ganz
gerne Dinge vor sich herschieben, muss das erst einmal kein
Problem sein. Wenn das Aufschieben aber immer mehr zu-
nimmt, Ihren Alltag beherrscht und zudem noch eine Prüfung
vor der Tür steht, die für Ihr Leben von großer Bedeutung ist,
sollten Sie eingreifen.

ÜBUNG

Versuchen Sie zunächst zu analysieren, was Sie aufschieben, wann Sie aufschieben und was die Gründe
dafür sein könnten.

- WAS: Meistens werden Aufgaben aufgeschoben, die
  schwierig, unangenehm oder anstrengend sind. Dabei kann es sich um die Erarbeitung eines anspruchsvollen Textes handeln, der kaum ohne Fremdwörter-
  buch verständlich ist, um ein unangenehmes Telefonat,
  den Besuch einer Sprechstunde oder eine anstrengende Literaturrecherche in der Unibibliothek.

Welche Gefühle haben Sie bezüglich Ihrer Aufgaben?
Sind Sie Ihnen zu anstrengend, zu langweilig, zu
schwierig? Suchen Sie nach passenden Adjektiven, die
Ihre Emotionen beschreiben.

- WANN: Oft werden Dinge aufgeschoben, die zwar
  wichtig, aber nicht dringend erscheinen. „Die Prüfung findet erst in ein paar Wochen statt und da ist
  es doch egal, ob ich heute oder morgen mit der
  Vorbereitung beginne", denkt sich so mancher Prüfungskandidat. Auch wenn der Druck von außen
  fehlt, zum Beispiel durch Absprachen mit Lernpart-
  nern, wird gerne aufgeschoben. Ebenso neigen
  manche Personen zum Aufschieben, wenn es sich
  vermeintlich „nicht mehr lohnt anzufangen", weil
  ein Teil der Zeit bereits vertrödelt wurde. Hier können Sie gegensteuern, indem Sie sich bewusst machen, dass auch nur zehn Minuten Lesen Sie Ihrem
  Ziel näher bringen, als gar nicht zu lesen.

Wann schieben Sie auf? Scheint Ihnen die Aufgabe
nicht dringend genug, fehlen verbindliche Absprachen, Druck von außen oder halten Sie die Zeitspanne
für nicht lohnenswert?

- GRÜNDE: Menschen schieben unangenehme Aufgaben auf, um negative Gefühle zu vermeiden. Dies kann Angst vor dem Versagen sein: „Ich verstehe den Text ja eh nicht!", Angst vor Anstrengung: „Das dauert Stunden, bis ich den Text verstanden habe und dann ist das auch nur einer von ganz vielen", Frust: „Das macht keinen Spaß!", Langeweile: „Das Thema interessiert mich nicht die Bohne!" oder Faulheit: „Ich habe keine Lust, ich möchte mich lieber entspannen." Manchmal werden Dinge auch aufgeschoben, weil man sich daran gewöhnt hat, dies zu tun, es bisher keine sichtbaren negativen Konsequenzen hatte oder sich sogar bewährt hat. Jeder kennt Sätze wie: „Auf den letzten Drücker lerne ich am besten!". Der Preis dafür ist das ständige „unter Hochspannung stehen" und Zeitdruck, wenn es auf die Prüfung zugeht.

Warum schieben Sie auf? Beschreiben Sie Ihre negativen Gefühle und begründen Sie sie. Zum Beispiel: „Ich finde mein Prüfungsthema quälend langweilig, weil ich es nicht selbst auswählen konnte", „Ich habe keine Lust die Texte zu lesen, weil ich die Hälfte sowieso nicht verstehe. Das ist anstrengend und frustriert mich."…

Falls Sie nicht nur hin wieder etwas aufschieben, sondern an Prokrastination leiden, also einem chronischen Aufschiebeverhalten, ist Ihnen das vermutlich schon häufiger zum Verhängnis geworden. Wenn Sie den Verdacht haben oder die Tatsachen dafür sprechen, dass das Aufschieben ein ernsthaftes Problem bei Ihnen ist, sollten Sie dringend etwas dagegen unternehmen. Als ersten Schritt können Sie Fachliteratur zum Thema lesen (siehe Literaturempfehlungen) und die Ratschläge beherzigen. Falls dies keine Wirkung zeigt, das Problem schon länger besteht und die Zeit drängt, sollten Sie eine psychologische Beratungsstelle aufsuchen, über die fast alle Universitäten verfügen. Die Beratung dort ist meist kostenlos und selbstverständlich wird alles vertraulich behandelt.

Bei einer leichten Form des Aufschiebeverhaltens, das keiner psychologischen Betreuung oder einer Therapie bedarf, können folgende Maßnahmen – auch prophylaktisch – sehr hilfreich sein:

- Wenn Sie Unlustgefühle verspüren und mit der Arbeit nicht anfangen wollen, sollten Sie sich bewusst machen, dass das unangenehme Gefühl, sich für die Arbeit überwinden zu müssen im Anschluss abgelöst wird durch Ihren Stolz, es geschafft zu haben. Würden Sie aufschieben, hätten Sie zwar kurzfristig negative Gefühle vermieden, sich aber anschließend den ganzen Tag darüber geärgert, dass Sie wieder so undiszipliniert waren und Ihr Tagesziel nicht erreicht haben. JETZT zu beginnen ist eine Investition in die Zukunft.

- Schreiben Sie am Vorabend detailliert auf, was Sie am folgenden Morgen erledigen wollen und legen Sie die Materialien bereit. Je genauer und klarer Ihre Aufgaben sind, desto leichter fällt der Einstieg. Wenn Sie sich erst noch durch Papierberge wühlen müssen und überhaupt nicht wissen, wo Sie anfangen sollen, ist der Arbeitsbeginn deutlich erschwert.

- Üben Sie das Anfangen ohne nachzudenken. Setzen Sie sich an den Tisch und fangen Sie einfach an, ohne vorher Mails zu checken, Kleinkram zu erledigen oder sich sonst irgendwie abzulenken. Machen Sie den „Sprung ins kalte Wasser"! Keine Sorge, nach wenigen Minuten ist der Schock überwunden und meistens läuft es dann richtig gut.

Alternativ oder parallel zum „Sprung ins kalte Wasser" können Sie auch folgende Strategien ausprobieren:

- Schaffen Sie Rituale.
  Wenn Sie ein Gewohnheitstier sind, schaffen Sie sich ein Arbeitsritual, das Sie einstimmt und motiviert. Das könnte zum Beispiel so aussehen, dass Sie sich ein heißes Getränk zubereiten, Ihr Lieblingskissen holen, das Telefon ausstecken und Ihr aktuelles Lieblingslied hören. Konzentrieren Sie sich auf das, was nun zu tun ist und fangen Sie dann an. Seien Sie kreativ und erfinden Sie Ihr eigenes Ritual.
- Langeweilen Sie sich.
  Erlegen Sie sich zehn Minuten des Nichtstuns auf. Sie dürfen nur da sitzen und tatsächlich nichts tun. Höchstwahrscheinlich sind Sie froh, wenn die Zeit abgelaufen ist und fangen gerne mit dem schwierigen Text an. Wenn das nicht funktioniert, erhöhen Sie auf 20 Minuten. Wenn das auch nicht klappt, sollten Sie es besser mit einer anderen Strategie versuchen.
- Minimalismus statt Perfektionismus:
  Seien Sie unperfektionistisch! Sie müssen den Text nicht ganz verstehen, Sie müssen ihn nicht mal ganz lesen und Sie müssen auch nicht drei Stunden am Stück arbeiten. Seien Sie diesbezüglich nachsichtig mit sich selbst, indem Sie in kleinen Schritten arbeiten. Lieber 30 Minuten lesen als gar nicht, lieber den halben Text gelesen haben, lieber nur die Hälfte verstanden haben als gar nichts getan zu haben. Beim nächsten Mal ist der Zugang einfacher, Sie werden mehr verstehen, länger dranbleiben und die Dosis langsam steigern können. Dabei bietet es sich an, in Zeiteinheiten zu arbeiten und Pausen einzuhalten. Am einfachsten geht dies mit einem schriftlichen Tagesplan.
- Verringern Sie Ablenkungen.
  Sie kennen sich selbst am besten und wissen, worauf Sie besonders anspringen. Ziehen Sie den Stecker Ihres Telefons heraus oder stellen Sie Ihr Handy/Smartphone lautlos, deaktivieren Sie Ihre Internetverbindung, um keine eingehen-

Donnerstag 11.09.

8^{00} – 8^{30}	Kapitel 2 lesen und exzerpieren, S. 12–15
8^{30} – 8^{45}	Pause, Tee
8^{45} – 9^{15}	Kapitel 2 exzerpieren S. 15–18
9^{15} – 9^{30}	Pause, Snack
9^{30} – 10^{15}	Merkkarte für Kapitel 2 anfertigen
10^{15} – 11^{00}	Pause, ausruhen, lüften Blumen gießen …
11^{00} – 11^{30}	Literatur sortieren, Texte zum Kopieren raussuchen
11^{30} – 16^{00}	Uni: Veranstaltungen Mittagspause Texte kopieren
16^{00} – 17^{00}	Kaffee mit Freundin
17^{00} – 17^{45}	Kopierte Texte sortieren, abheften u. Tagesplan für morgen machen
ab 17^{45}	Feierabend! Abendessen Hausarbeiten Sport und Sauna

Abbildung 6: Tagesplan

den Mails zu sehen, legen Sie Ihren Krimi außer Reichweite etc.
- Kontrollieren Sie, ob Sie Ihre Teil(-Ziele) erreicht haben und belohnen Sie sich dafür.
Je hartnäckiger Sie aufschieben, desto kleinschrittiger sollten Sie planen und sich belohnen. Ein Arbeitsplan könnte z.B. so aussehen wie links auf S. 84.
- Suchen Sie Hilfe und Beratung, falls Sie sie brauchen.
Wenden Sie sich an die Psychologische Beratungsstelle Ihrer Hochschule, die Studienberatung oder suchen Sie Ihren Hausarzt auf.

- Machen Sie sich Ihre Ziele bewusst.
- Fertigen Sie einen detaillierten Arbeitsplan an.
- Machen Sie den „Sprung ins kalte Wasser" – fangen Sie einfach an!
- Schaffen Sie Rituale.
- Langweilen Sie sich, bis Sie freiwillig anfangen wollen.
- Arbeiten Sie unperfektionistisch!
- Verringern Sie Ablenkungen.
- Kontrollieren und belohnen Sie erreichte Ziele.
- Holen Sie sich Hilfe.

3.4 Prüfungsangst

Einen gewissen Respekt vor Prüfungen und prüfungsähnlichen Situationen wie z.B. Referaten, Präsentationen, Reden vor Gruppen oder öffentlichen Auftritten hat fast jeder, was normal und auch sinnvoll ist. Ein wenig Nervosität und Anspannung macht Sie hellwach und hilft Ihnen, schnell und flexibel zu denken. Mit leichten körperlichen Reaktionen wie

Schwitzen, Herzklopfen, Zittern oder auch kurzen Denkaussetzern haben viele Prüfungskandidaten zu kämpfen und Sie sollten damit möglichst gelassen umgehen. Nehmen Sie diese als typische Begleiterscheinungen einfach hin und ignorieren Sie sie, soweit möglich. Die Prüfer sind es gewohnt, klatschnasse Hände zu schütteln oder Fragen zu wiederholen, weil der Prüfungskandidat gerade den roten Faden verloren hat. Dafür muss sich niemand schämen.

 TIPP

Je besser es Ihnen gelingt, Ihre Aufregung als ganz natürlich und unwichtig hinzunehmen, desto leichter können Sie damit umgehen. Wenn Sie Ihren Ängsten zuviel Aufmerksamkeit schenken und sich regelrecht hineinsteigern, nähren Sie die Ängste und Zweifel und blockieren sich selbst.

Wie auch beim Aufschiebeverhalten sind die Grenzen fließend und es muss individuell entschieden werden, wie stark das Phänomen auftritt, wie sehr Sie darunter leiden und ob es schon einmal zu negativen Konsequenzen geführt hat. Wenn Sie unter einer ausgewachsenen Prüfungsangst leiden, die auch massive körperliche Auswirkungen hat wie zum Beispiel Herzrasen, Schlaflosigkeit, Verdauungsprobleme, Schwindel, Übelkeit oder Ähnlichem, sollten Sie auf jeden Fall ärztliche bzw. psychologische Hilfe in Anspruch nehmen. Meist handelt es sich um tiefer liegende Ursachen, die professionelle Betreuung oder Behandlung erfordern. Beachten Sie auch, dass die Angabe „Prüfungsangst" von den meisten Prüfungsämtern nicht als triftiger Grund für ein Verschieben, Rücktritt oder Abbrechen der Prüfung anerkannt wird (vgl. Kapitel 6.2 Wiederholungsprüfung). Besprechen Sie sich diesbezüglich mit Ihrem Arzt, der Ihnen unter Umständen auch körperliche Erkrankungssymptome attestieren

kann. Beachten Sie dabei auch, dass es bestimmte Krankheits-
bilder gibt, die bei einer angestrebten Verbeamtung oder dem
Abschluss einer Lebens- oder Berufsunfähigkeitsversicherung
ein Hindernis darstellen könnten. Informieren Sie sich dahinge-
hend gut bei Ihrem Arzt oder Experten.

An dieser Stelle möchte ich Ihnen lediglich für eine milde Form
der Prüfungsangst einige „Hausmittel" nennen, die meinen
Prüfungskandidaten und mir selbst im Studium gut geholfen
haben. Eines sei schon vorweggenommen:

> **TIPP**
>
> Das allerbeste Mittel gegen Prüfungsangst ist Ihr Wis-
> sen! Wenn Sie wissen, dass Sie sich gründlich und gut
> vorbereitet haben, werden Sie sich sicherer fühlen.

„Hausmittel" gegen Prüfungsangst und Nervosität:

- Umgeben Sie sich mit entspannten, optimistischen Personen, die Freude verbreiten und Sie bestärken.
- Messen Sie der Prüfung nicht übertrieben viel Bedeutung
  bei. Sie könnten die Prüfung, wenn es ganz schlecht läuft
  und Sie durchfallen, auch wiederholen oder mit einer
  schlechten Note leben. Manchmal ist die Note auch gar
  nicht relevant oder zählt nur sehr wenig.
- Machen Sie sich bewusst, dass auch die Prüfer wollen, dass
  Sie bestehen und alles dafür tun werden. Sie haben also das
  gleiche Ziel! Ein durchgefallener Prüfungskandidat bedeutet
  neuen Verwaltungs- und Zeitaufwand, da er nochmals antreten muss.
- Erzählen Sie Ihrem Prüfer im Vorfeld von Ihrer Prüfungsangst und bitten Sie ihn ggf. um sein Entgegenkommen:
  Möglicherweise akzeptiert der Prüfer, dass Sie zur Beruhigung eine ausführlichere Tischvorlage verwenden dürfen,
  auf die Sie im Notfall zurückgreifen können. Sie hätten so

die Gewissheit, im Falle eines Aussetzers das Papier zur Hilfe nehmen zu dürfen.

- Beruhigen Sie sich mit Talismanen, Schmuckstücken, Handschmeichlern etc.
- Nehmen Sie etwas zum Trinken mit gegen einen trockenen Hals. Die kurze Verschnaufpause hilft manchmal dabei, sich zu sammeln.

Folgende Gedanken können helfen, die Prüfungssituation als weniger bedrohlich wahrzunehmen:

- Denken Sie daran, dass schon tausende Prüfungskandidaten vor Ihnen die Prüfung abgelegt und bestanden haben. Sie sind also nur einer von vielen und die Prüfer werden Sie nicht strenger als die anderen prüfen.
- Denken Sie daran, dass auch die Prüfer selbst mal Prüfungskandidaten waren und die Situation kennen.
- Denken Sie daran, dass vor Ihnen schon viel schlechtere Prüflingskandidaten bestanden haben.
- Stellen Sie sich Ihre Prüferinnen in einer lustigen Situation vor, zum Beispiel in einem albernen Faschingskostüm. Dieser Tipp meiner Mutter trifft natürlich nicht jeden Geschmack, aber er hat mir schon manche Angst vor Autoritätspersonen genommen.

Langfristig werden Sie in Ihrem Leben noch häufiger Prüfungen ablegen müssen oder in prüfungsähnliche Situationen kommen. Beginnen Sie möglichst bald damit, die Prüfungsangst in den Griff zu bekommen, indem Sie psychologische Hilfe in Anspruch nehmen und Autogenes Training oder andere Entspannungsmethoden erlernen. Bei akuten Angstzuständen kann Ihnen Ihr Hausarzt Medikamente verschreiben, die nur kurzfristig eingenommen werden dürfen und auch starke Nebenwirkungen haben können. Diese helfen allerdings nur gegen die Symptome, deshalb sollten Sie parallel an der Ursache arbeiten. Die medikamentöse Behandlung sollte das letzte Mittel der Wahl sein.

Vielleicht helfen Ihnen auch rezeptfreie Medikamente wie Johanniskraut und Baldrian oder alte Hausmittel zur Beruhigung wie Lavendelöl auf dem Kopfkissen oder in der Duftlampe, Hopfen- oder Baldriantee, heiße Milch vor dem Einschlafen oder ein Vollbad.

Erfahrungsgemäß und nach Berichten von vielen Studierenden hilft Sport besonders gut, weil Stresshormone abgebaut werden und der Körper im Fokus der Konzentration steht. Aus diesem Grund ist auch ein Saunabesuch sehr erholsam. Und auch ein Kinobesuch kann zumindest für ein, zwei Stunden einen freien Kopf und Ablenkung bringen, die man zwischendurch braucht.

Am Prüfungstag selbst, einige Stunden oder Minuten vor der Prüfung, können folgende Maßnahmen hilfreich sein:

- Wenn Sie wenige Minuten vor der Prüfung unangenehmes Herzklopfen haben möchte ich Ihnen folgenden Tipp ans Herz legen: Kommen Sie etwas früher, nehmen Sie die Treppen oder laufen Sie die Flure einige Minuten zügig rauf und runter. Sie sollten außer Atem kommen, sich allerdings nicht klatschnass schwitzen. Wenn sich Ihr Kreislauf wieder beruhigt und sich der Herzschlag verlangsamt hat, fühlen Sie sich garantiert ruhiger als zuvor. Meist ist der Puls auch tatsächlich etwas langsamer. Achten Sie nun auf Ihre Atmung, indem Sie langsam durch die Nase einatmen und noch langsamer durch den Mund wieder aus. Zählen Sie beim Einatmen bis fünf, beim Ausatmen bis zehn. Alternativ können Sie sich innerlich beruhigende Worte vorsagen z.B. „Ich bin ganz ruhig", „Loslassen", oder „Entspannen".
- Wenn Sie ohnehin schon nervös sind, vermeiden Sie es, nochmals in Ihre Lernunterlagen zu schauen. Sie steigern damit Ihre Nervosität nur noch. Was jetzt noch nicht verinnerlicht ist, kann nun auch nicht mehr gelernt werden. Ver-

trauen Sie auf Ihre gründliche Vorbereitung und versuchen Sie, sich zu entspannen. Sagen Sie sich selbst: „Ich bin gut vorbereitet und konzentriert".

- Sie können einen Freund um Begleitung und emotionalen Beistand bitten, allerdings sollten Sie nur jemanden mitnehmen, der Sie auch tatsächlich beruhigt.

- Überlegen Sie sich im Vorfeld, ob Sie so viel früher kommen, dass Sie noch andere Prüfungskandidaten abfangen können, die die Prüfung gerade beendet haben. Lassen Sie sich erzählen, was gefragt wurde, aber gehen Sie kritisch mit diesen Informationen um. Oft sind die Prüflinge nicht ganz objektiv, schämen sich oder prahlen. Wenn Sie befürchten, dass Sie das nur verunsichert, sollten Sie ein Aufeinandertreffen besser vermeiden.

- Bereiten Sie sich auf die Prüfungssituation mit Visualisierungen vor: Stellen Sie sich den Morgen des Prüfungstages vor, was Sie anziehen, was Sie frühstücken, den Weg zum Prüfungsraum, wie Sie freundlich lächelnd, hellwach, aber entspannt, die Prüfer begrüßen und souverän die mündliche Prüfung meistern. Nehmen Sie Ihre Gefühle dabei wahr und spüren Sie die Erleichterung und den Stolz, wenn Sie die Prüfung bestanden haben.

- Und denken Sie daran: Nervosität ist ganz normal und gehört dazu!

Als ich vor meiner eigenen 1. Staatsexamensprüfung vor dem Prüfungsraum darauf wartete, hereingerufen zu werden, fragte mich ein sichtlich nervöser Student, ob er als Gasthörer an meiner Prüfung teilnehmen dürfe. Er hoffe dadurch, seine Prüfungsangst zu überwinden. Obwohl ich diesem Moment etwas überfordert war und mir Gedanken durch den Kopf schossen wie „Wenn ich jetzt in der Prüfung versage, wäre das ganz schön peinlich!", wollte ich ihm wirklich helfen und als mein Name aufgerufen wurde, fragte ich meine Prüfer, ob sie Einwände gegen einen Gasthörer hätten. Ein Prüfer wies darauf hin, dass ein Gasthörer normalerweise angemeldet werden müsse, aber letztendlich stimmten die Prüfer zu, als sie erfuhren, dass der Student seine starke Prüfungsangst in den Griff bekommen wollte. Die Prüfung verlief sehr gut und die Anwesenheit des Studenten verschaffte mir wider Erwarten eine gewisse Ruhe: Wenn jetzt was schieflaufen würde, die Prüfer gemeine Fragen stellen oder mich ungerecht benoten würden, hätte ich einen unparteiischen, objektiven Zeugen. Der Student bedankte sich überschwänglich für die Möglichkeit, die Prüfung live miterleben zu dürfen. Er sagte, seine diffusen Ängste hätten sich überhaupt nicht bestätigt und er könne jetzt viel gelassener in die Prüfungsphase eintreten. Das „Ungewisse" wurde ersetzt durch eine konkrete Vorstellung von einem normalen Prüfungsgespräch.

TIPP

Erkundigen Sie sich, ob Sie möglicherweise als Gasthörer an einer Prüfung teilnehmen können oder sprechen Sie Kommilitonen und Ihre Prüfer direkt darauf an. Die meisten Studierenden berichten, dass die Teilnahme sie sehr beruhigt hätte.

3.5   Krankheit, Krisen oder Schicksalsschläge

Als wäre eine schwere Krise nicht schon schlimm genug, ist diese umso belastender, wenn sie auch noch in die Prüfungsphase fällt. Zunächst ist zu unterscheiden, ob es sich um eine zeitlich begrenzte oder um eine dauerhafte Situation handelt. Liegen Sie mit einer heftigen Grippe im Bett, die nach einer Woche auskuriert sein dürfte oder wurde bei Ihnen eine schwere chronische Krankheit diagnostiziert, mit der Sie die nächsten Jahre oder lebenslang zu kämpfen haben werden? Haben Sie eine kleinere Streitigkeit mit Ihrem Partner oder stecken Sie in einer tiefen Lebenskrise aufgrund einer Trennung oder eines Todesfalls in der Familie?

Sie sollten im Krisenfall zunächst einschätzen, wie lange die Situation andauern wird und ob Sie die Situation alleine und zeitnah bewältigen können. Im zweiten Fall genügt unter Umständen schon ein Lernmarathon über mehrere Tage, um die verpasste Lernzeit wieder aufzuholen. Alternativ können Sie die Lerneinheiten oder die Inhalte auch kürzen, mit dem Restrisiko, dass sich das auf die Note auswirkt.

Im Falle einer langwierigen, schwierigen und belastenden Situation, kann es manchmal sinnvoll sein, erst einmal alle Kräfte auf die Bewältigung der Krise zu richten. Allerdings gibt es im Umgang mit starken Emotionen unterschiedliche Typen von Menschen. So kann der Tod eines Familienmitglieds oder die Trennung vom Lebenspartner die eine Person so aus der Bahn werfen, dass diese kaum mehr einen klaren Gedanken fassen kann. An eine produktive Prüfungsvorbereitung wäre nicht einmal zu denken. Die andere Person hingegen stürzt sich in die Arbeit und lernt stundenlang hochkonzentriert und blendet dabei die schmerzliche Situation weitgehend aus. Diese Person ist in höchstem Maße arbeitsfähig, allerdings zu dem Preis, dass die innerliche Auseinandersetzung und emotionale Verarbeitung des Vorfalls nur aufgeschoben sind. Da langfristiges Verdrängen nicht ratsam ist, sollte eine Aufarbeitung der belastenden Situation möglichst bald nach der Prüfung, ggf. mit professioneller Hilfe, nachgeholt werden.

Wenn Sie zum ersten Typ gehören, es Sie richtig aus der Bahn wirft und Sie nicht arbeitsfähig sind, sollten Sie parallel folgende Schritte unternehmen:

- Suchen Sie Unterstützung im Freundes- und Familienkreis. Ob es sich „nur" um eine gute Zuhörerin handelt, die Trost spendet, den handfesten Rat des Großvaters oder um die praktische Hilfe Ihrer Schwester z.B. im Haushalt – nehmen Sie jede Hilfe an!

- Suchen Sie einen Arzt oder Therapeuten auf, um eine professionelle Meinung einzuholen und ggf. eine Therapie zu beginnen.
- Nehmen Sie Kontakt mit dem Prüfungsamt und Ihren Prüfern auf und schildern Sie Ihre Situation. In den meisten Fällen kann eine Alternative gefunden werden, beispielsweise ein Aufschieben der Prüfung um einige Tage, Wochen oder Monate.

4. Der Endspurt vor der Prüfung

4.1 Die Tage vor der Prüfung
4.2 Der Prüfungstag

Mit einem „Endspurt" verbindet man die letzten, höchsten Anstrengungen auf der Zielgeraden. Genau genommen ist der Begriff für die letzten Tage vor der Prüfung nicht ganz treffend, denn die anstrengendste Phase der Vorbereitung sollte bereits hinter Ihnen liegen. Jetzt steht die Wiederholung des Gelernten an, letzte inhaltliche, organisatorische und mentale Vorbereitungen sowie möglichst viel Erholung und Stärkung. „Endspurt" meint in diesem Zusammenhang, sich innerlich einzustimmen und alle Kräfte für die Prüfung zu mobilisieren.

4.1 Die Tage vor der Prüfung

Die letzten Tage vor der Prüfung sollten Sie in Ihrer Planung als Puffer freihalten. Ob es sich dabei um acht oder zwei Tage handelt, hängt vom bisherigen Verlauf und den Umständen Ihrer Vorbereitungsphase ab.

4.1.1 Inhaltliche Vorbereitung

Nun ist Zeit, um den gesamten Lernstoff noch einmal zu wiederholen, zu festigen und zu vertiefen. Auswendig Gelerntes sollte am besten einmal täglich kurz wiederholt werden. Im Idealfall sollte alles aufbereitet sein, so dass keine neue Literatur mehr gelesen werden muss oder neue Inhalte erarbeitet werden müssen. Wenn Ihnen jetzt erst auffällt, dass noch kleinere Wissenslücken bestehen, müssen Sie abwägen, ob eine Einarbeitung in der verbleibenden Zeit überhaupt geleistet werden kann. Falls das nicht der Fall ist – nehmen Sie es gelassen. Niemand weiß alles! Wenn Sie allerdings einen Tag vor der Prüfung feststellen, dass Sie wesentliche Aspekte noch nicht bedacht oder wichtige Literatur übersehen haben, sollten Sie einen der in Kapitel 3.1 „Schlechte Planung und Zeitdruck" beschriebenen Vorschläge in Betracht ziehen.

- Verfolgen Sie in den letzten Tagen vor der Prüfung besonders genau das aktuelle Tagesgeschehen in Bezug auf Ihr Thema oder verwandte Themen. Eine aktuelle Schlagzeile kann einen gelungenen Auftakt für die Prüfung bieten (siehe auch Kapitel 5.1 Die wichtigen ersten Minuten).
- Beschäftigen Sie sich noch mal gründlich mit Ihrer Mind-Map, Ihren Thesen oder anderen Tischvorlage für die Prüfung und lernen Sie nur noch anhand Ihrer Exzerpte oder Lernkarten. Vor allem die Zusammenhänge und übergeordnete Strukturen sollten Sie sich noch mal ins Gedächtnis rufen und verinnerlichen. Falls Sie in der Prüfung eine Frage nicht beantworten können, gelingt es Ihnen vielleicht, den Bogen zu einem über- oder untergeordneten Themenfeld zu schlagen und Sie können die Antwort erschließen. Selbst wenn dies nicht klappt, können Sie durch lautes Nachdenken und der Einsortierung in die Zusammenhänge zeigen, dass Sie „im Bilde" sind.
- Drucken Sie Ihre Tischvorlage mehrfach aus oder fertigen Sie eine ansprechende Mind-Map an, auch wenn Sie diese im Vorfeld bereits Ihren Prüfern per Email zugeschickt haben. Nicht immer denken die Prüfer daran, die Tischvorlage auszudrucken, weshalb Sie diese sicherheitshalber lieber selbst mitbringen. Die Tischvorlage kann gerne bunt und individuell gestaltet werden. Inhaltliche Zusammenhänge, Verbindungen etc. können in derselben Farbe gehalten werden, Schlagworte durch kleine Symbole ergänzt werden.

Die kreative Gestaltung des Papiers soll in erster Linie zu einer besseren Strukturierung beitragen und nicht nur hübsch aussehen. Den Prüfern signalisiert dies, dass Sie Zeit und Mühe investiert haben, sich also zwangsläufig länger mit den Inhalten befasst haben und sich Gedanken über die Zusammenhänge gemacht haben. Damit haben Sie auch in einer mündlichen Prüfung die Gelegenheit, sich in dieser Form schriftlich zu präsentieren, so wie auch in der vorangegangenen Kommunikation per Mail oder anderen Kontakten. Nutzen Sie diese Chance der Selbstpräsentation und legen Sie ein akkurates und kreatives Papier vor!

4.1.2 Mentale Vorbereitung und Wohlbefinden

Stimmen Sie sich mental auf das bevorstehende Ereignis ein und versuchen Sie wenn möglich, Stress zu vermeiden. Lassen Sie kurzfristig auftauchende Ängste und Nervosität ruhig zu, denn sie gehören zu jeder Prüfung und gehen wieder vorüber. Indem Sie lernen, mit dieser innerlichen Anspannung umzugehen, trainieren Sie eine wichtige Fertigkeit, die Sie auch in anderen Lebensbereichen weiterbringen wird. Jedes Mal, wenn Sie erfolgreich mit dem Stress, den Unsicherheiten und Anspannungen, die eine Prüfung mit sich bringt, fertig geworden sind, werden Sie stolz auf sich sein und sich gestärkt fühlen. Aufgrund positiver Erfahrungen und dem Wissen, dass Sie schwierige Situationen auch in der Vergangenheit gemeistert haben, wird es Ihnen auch in Zukunft leichter fallen, selbstbewusst neue Herausforderungen in Angriff zu nehmen. Sollten Sie allerdings sehr starke Ängste verspüren und unter psychosomatischen Beschwerden leiden, ist ein Arztbesuch unerlässlich. Ihre Gesundheit steht immer an erster Stelle und keine Prüfung der Welt ist es wert, dass Sie körperlich oder seelisch Schaden nehmen.

- Wenn es in letzter Zeit familiäre Spannungen, Streit im Freundeskreis oder Beziehungsprobleme gab, sollten Sie diese nicht gerade jetzt klären. Derlei Probleme sind sicherlich nicht in wenigen Tagen entstanden und haben nun auch noch ein paar Tage Zeit, bis Sie sich mit freiem Kopf damit befassen können. Manche Menschen neigen dazu, sich gerade in der anstrengenden Phase der Prüfungsvorbereitung mit solchen Dingen zu beschäftigen, wobei meist unbewusste Aufschiebestrategien dahinter stehen. Hält Ihre Prüfungsvorbereitungsphase aber einige Monate an oder folgen viele Prüfungen hintereinander und fühlen Sie sich durch ungeklärte private Konflikte in Ihrer Konzentration stark eingeschränkt, kann es besser sein, diese zuerst zu klären und sich befreit davon dann wieder an die Arbeit zu machen.

  Grundsätzlich ist es sinnvoll, sich in der Phase der Prüfungsvorbereitung wenn möglich mit Menschen zu umgeben, die Ihnen guttun, die Sie ermutigen und entlasten.
- Seien Sie vorsichtig mit den Erzählungen von Kommilitonen, die die Prüfung bereits abgelegt haben. Diese sind oft subjektiv geprägt und vor allem bei enttäuschten Prüflingen hört man in Nachhinein manchmal regelrechte Schauermärchen über die Prüfer. Geben Sie nichts darauf! Sie haben die Prüfer in Seminaren oder den Sprechstunden kennengelernt und können erst einmal davon ausgehen, dass sie Ihnen wohlgesonnen sind und ebenfalls Interesse daran haben, dass Sie die Prüfung gut bestehen. Lassen Sie sich also nicht verrückt machen.
- Am letzten Tag vor der Prüfung sollten Sie versuchen, sich zu entspannen. Lernen Sie am besten nichts Neues mehr, sondern schauen Sie nur noch ein- oder zweimal Ihre Unterlagen durch. Falls Sie unruhig sind und den Drang verspüren, sich doch noch mal mit dem Lernstoff beschäftigen zu wollen, machen Sie dies am besten mit Blick auf die

Tischvorlage oder Lernkarten. Auswendig zu lernende Fakten können Sie noch einmal wiederholen und damit festigen.

4.1.3 Organisatorische Vorbereitung und Kleidungswahl

Legen Sie sich am Abend die Kleidung raus, die Sie gerne zur Prüfung anziehen möchten. Beachten Sie dabei die für Ihr Fach üblichen Gepflogenheiten. Sie wollen den Prüfern ja zeigen, dass Sie „dazu gehören" und die Kleidung ist das sichtbare Zeichen dafür. Im Zweifelsfall erscheinen Sie lieber etwas „overdressed" und zu konservativ als zu lässig gekleidet, denn eine Prüfung ist ein formelles und biographisch bedeutsames, einmaliges Ereignis. Natürlich sollten Sie sich trotzdem wohl und nicht verkleidet fühlen. Selbstverständlich dürfen Kleidung, Frisur und Accessoires wie Schmuck und Uhren Ihre Individualität zeigen, aber achten Sie auf die Angemessenheit in dieser besonderen Situation. Wenn Sie sich unsicher sind, können Sie sich bei Kommilitonen erkundigen. Sie können sich auch an dem Erscheinungsbild Ihrer Prüfer orientieren: Tragen diese im universitären Alltag Jeans und T-Shirt oder Kostüm und Anzug mit Krawatte? Richten Sie Ihre Kleidungswahl tendenziell an der Ihrer Prüfer aus.
Letztendlich ist ein gepflegtes Auftreten Ihre Visitenkarte, mit der Sie starken Einfluss auf Ihre Ausstrahlung haben sowie auf Ihnen unterstellte Charaktereigenschaften. Sie kennen das Sprichwort „Kleider machen Leute" und Menschen beurteilen sich gegenseitig (leider) auch aufgrund von Äußerlichkeiten. Machen Sie sich dies zunutze, indem Sie saubere, gebügelte Kleidung tragen und auch selbst frisch geduscht und gepflegt erscheinen. Seien Sie vorsichtig mit Parfum oder After Shave, das kann schnell aufdringlich wirken. Im Grunde reicht ein wirksames Deodorant. Wenn Sie während der Prüfung stark

schwitzen und Flecken auf dem Oberteil haben, sollten Sie das einfach ignorieren. In diesem Moment können Sie ohnehin nichts daran ändern, also nehmen Sie es einfach hin. Das ist normal und die Prüfer haben das schon oft gesehen. Sie können aber auch sicherheitshalber ein Ersatzhemd zum Wechseln einpacken, wenn es Sie beruhigt oder wenn Sie vermuten, vor Antritt zur Prüfung schon verschwitzt zu sein.

VORSICHT FETTNÄPFCHEN!

Nicht selten habe ich Prüfungen erlebt, in welchen Sportstudenten im Jogginganzug und noch verschwitzt vom Trainingsplatz kamen. Auf der einen Seite finde ich solch uneitle und entspannte Personen sehr sympathisch, auf der anderen Seite beschlich mich immer das Gefühl, dass Sie die Prüfung nicht wirklich ernst nehmen. Dies habe ich in meiner Funktion als Prüferin immer respektlos empfunden, wohl wissend, dass die jeweilige sportliche Person dies gar nicht so meint. Da es sich bei einer Prüfung um einen formellen Akt handelt, sollten Sie auf ein gepflegtes Erscheinen achten. Sie signalisieren damit Respekt vor den Prüfern und der Prüfungssituation und werden auch selbst als angehende/r Vertreter/in Ihres Fachs respektiert.

Noch eine kleine Randnotiz für Frauen: Gerne können Sie sich auch typisch weiblich kleiden und ein Kleid, Rock, Top, Ballerinas oder High Heels tragen, aber gehen Sie vorsichtig mit Ihren Reizen um. Vermeiden Sie einen allzu kurzen Rock oder einen sehr tiefen Ausschnitt, auch wenn Sie sich darin wohlfühlen und Sie sehr gut darin aussehen. Das Gleiche gilt für auffälliges Make-up und Fingernägel oder viel Schmuck. Versuchen Sie einzuschätzen, welchen Eindruck Sie mit Ihrem

Erscheinungsbild vermitteln. In der Prüfungssituation wollen Sie wahrscheinlich nicht als niedlich oder sexy wahrgenommen werden, sondern die Prüfer davon überzeugen, dass Sie aufgrund Ihrer Fachkompetenz eine (sehr) gute Note verdienen. Ihr Äußeres sollte also seriös sein und zum angestrebten Berufsziel passen.

Wenn Sie mit dem Auto anreisen, überprüfen Sie am Vortag bitte, ob Sie noch tanken müssen. Kennen Sie den Weg zum Prüfungsraum und wissen Sie, wo Sie parken können? Ist die Strecke staugefährdet, gibt es Baustellen oder Umleitungen? Holen Sie diese Informationen rechtzeitig ein. Wenn Sie auf Nummer sicher gehen wollen und den Weg noch nie gefahren sind, können Sie auch eine Probefahrt machen und die Uhrzeit stoppen.

Falls Sie mit öffentlichen Verkehrsmitteln anreisen, legen Sie sich Ihr Ticket bereit oder das passende Kleingeld für den Automaten. Schauen Sie bereits am Abend nach, welche Verbindung Sie nehmen wollen und notieren Sie die Uhrzeit. Planen Sie auch hier Puffer ein und verlassen Sie das Haus am Prüfungstag lieber ein paar Minuten früher. Dies alles trägt letztendlich zu Ihrer Entspannung bei.

Den Abend vor der Prüfung sollten Sie ebenfalls möglichst entspannt verbringen. Bereiten Sie alle organisatorischen Notwendigkeiten vor: Legen Sie Ihre Kleidung raus, stellen Sie ein oder zwei Wecker, packen Sie Ihre Busfahrkarte ein sowie Essen und etwas zu Trinken für den Prüfungstag. Wenn möglich, sollten Sie nicht mehr lernen, sondern den Kopf frei bekommen. Planen Sie etwas Schönes, das Sie auf andere Gedanken bringt, wie etwa einen Kinobesuch, Sport, Sauna, ein Treffen mit Freunden oder Sie können sich auch einfach nur in die Badewanne legen oder Musik hören. Wenn Sie mit Freunden gerne ein Gläschen Wein oder Bier trinken, können Sie dies selbstverständlich auch tun, aber es versteht sich von selbst, dass größere Mengen Alkohol kontraproduktiv sind.

Belassen Sie es bei einem Getränk, denn zum Feiern ist nach der Prüfung noch genug Zeit.

Gehen Sie zu Ihrer gewohnten Uhrzeit ins Bett. Dabei ist es von Vorteil, wenn Sie auch bisher auf einen regelmäßigen Schlaf-Wach-Rhythmus geachtet haben. Falls Sie nicht einschlafen können oder eine unruhige Nacht verbringen, ärgern Sie sich nicht darüber. Ändern können Sie es sowieso nicht mehr und die Erfahrung zeigt, dass eine einzige schlaflose Nacht am nächsten Tag keine drastischen Auswirkungen hat. Die Müdigkeit stellt sich häufig erst am übernächsten Tag ein. Die für die Prüfung nötige Wachheit wird sich aufgrund der natürlichen Anspannung von alleine ergeben.

4.2 Der Prüfungstag

Wenn Sie die Möglichkeit haben, Ihren Prüfungstermin mit den Prüfern selbst abzusprechen, können Sie die Uhrzeit nach Ihrem Biorhythmus ausrichten. Wann ist normalerweise Ihr Konzentrationshoch, wann fühlen Sie sich erschöpft und müde? Die meisten Menschen haben im Laufe des Vormittags ein Hoch und fallen nach dem Mittagessen in ein Tief. Es gibt aber auch Nachtmenschen, die vor Mittag nicht in die Gänge kommen und erst am Nachmittag zur Hochform auflaufen.

Wenn Ihre Prüfung nachmittags stattfindet, sollten Sie am Vormittag wenn möglich keine anderen anstrengenden Termine haben. Nutzen Sie die Zeit – auch wenn Sie Ihnen ewig vorkommen mag und Sie es kaum aushalten – lieber noch einmal, um den Stoff kurz durchzugehen und versuchen Sie dann abzuschalten! Schonen Sie Ihre Kräfte und Ihre Konzentration und vermeiden Sie stundenlanges Fernsehen oder Surfen im Internet, um sich von der bevorstehenden Prüfung abzulenken.

Frühstücken Sie ausgewogen und reichlich, wenn Sie können. Sie sollten weder mit knurrendem noch mit überfülltem Magen in die Prüfung gehen. Wichtig ist, dass Ihr Blutzuckerspiegel und Ihr Kreislauf stabil sind und Sie sich gestärkt fühlen. Falls Sie zu nervös sind, um etwas herunter zu bekommen oder wenn Sie nie frühstücken, versuchen Sie zumindest, eine Kleinigkeit wie einen Apfel oder Müsliriegel zu essen oder für unterwegs mitzunehmen und etwas zu trinken, vorzugsweise etwas Warmes. Das entspannt und füllt den Magen zumindest kurzfristig. Seien Sie vorsichtig mit Kaffee, schwarzen oder grünem Tee, Energydrinks oder anderen koffeinhaltigen Getränken. Zuviel davon macht nervös und zittrig. Auch wenn Sie nur eine Tasse Kaffee trinken, sollten Sie dies lieber kurz vor der Prüfung machen. Wenn der zeitliche Abstand zu groß ist und die Wirkung des Koffeins nachlässt, fühlen Sie sich umso müder.

Machen Sie sich rechtzeitig auf den Weg! Stellen Sie den Wecker auf jeden Fall so früh und machen Sie sich so früh auf den Weg, dass Sie trotz eines verpassten Zuges, eines Staus oder anderen Unwägbarkeiten wie Streik oder Unwetter noch pünktlich zur Prüfung erscheinen. Sollte eine Verspätung absehbar sein, rufen Sie unbedingt im Prüfungsamt oder im zuständigen Sekretariat an, um dies mitzuteilen. Wenn sie nicht pünktlich erscheinen, wird die Prüfung wahrscheinlich als „nicht bestanden" gewertet.

- Halten Sie die letzte Woche vor der Prüfung zur Wiederholung frei und planen Sie keinen neuen Lernstoff ein.
- Verfolgen Sie das aktuelle Tagesgeschehen bezüglich des Prüfungsthemas.
- Prägen Sie sich Ihre Tischvorlage ein und fertigen Sie Ausdrucke an, um sie in die Prüfung mitzunehmen.
- Treffen Sie die Kleidungswahl schon einige Tage vorher und bereiten Sie alles vor, wie z.B. waschen, bügeln, fehlende Knöpfe annähen.
- Planen Sie die Anreise: Ist das Auto vollgetankt und fahrtüchtig? Wie lange dauert die Fahrt inklusive möglicher Baustellen, Staus etc.? Wo können Sie parken? Falls Sie mit Bus oder Bahn anreisen, sollten Sie sicherheitshalber eine frühere Verbindung wählen.
- Frühstücken Sie am Prüfungstag ausgewogen und vermeiden Sie Aufregung. Nehmen Sie etwas zum Trinken und einen kleinen Snack mit.
- Machen Sie sich rechtzeitig auf den Weg zum Prüfungsraum. Eine Verspätung sollten Sie möglichst früh telefonisch mitteilen.

5. Das Prüfungsgespräch

5.1 Tipps zur Gesprächsführung
5.2 Die wichtigen ersten Minuten
5.3 Der Prüfungsverlauf
5.4 Der Abschluss
5.5 Nachgespräch und Notenverkündung
5.6 Die Rolle des Protokollanten
5.7 Die Note

In der mündlichen Prüfung sollen die Prüfungskandidaten zeigen, dass sie ein solides Grundwissen haben, Zusammenhänge systematisch darstellen können und auch Detailkenntnisse in einigen Spezialgebieten haben. Aufgrund der begrenzten Zeit können die Prüfer natürlich nur Teilbereiche abfragen, während ein Großteil des Gelernten nicht geprüft wird. Viele Studierende, die sich umfassend vorbereitet haben, aber während der Prüfung sehr passiv sind und nur die nötigsten Antworten geben, ärgern sich anschließend darüber, dass sie „viel zu viel umsonst gelernt" haben. Sie sollten also so oft wie möglich versuchen, das Prüfungsgespräch selbst in die Hand zu nehmen und jede Sekunde zu nutzen.

Ein Prüfungsgespräch verläuft normalerweise in mehreren Phasen, wobei jede eine eigene Dynamik besitzt, die es ideal zu nutzen gilt. Die jeweils besonderen Merkmale der einzelnen Phasen werden in den Unterpunkten 5.2 bis 5.4 beschrieben. Vorab ein paar allgemeine Empfehlungen zum Prüfungsgespräch, die für alle Phasen gelten.

5.1   Tipps zur Gesprächsführung

- Bereiten Sie Argumentationslinien gut vor.
  Mindestens so wichtig wie die inhaltliche Prüfungsvorbereitung ist die Vorbereitung Ihrer eigenen, weitestgehend planbaren Gesprächsanteile. Natürlich besteht immer das Risiko, dass Fragen gestellt werden, mit denen Sie nicht gerechnet haben oder die Sie nicht beantworten können. Das ist halb so schlimm, wenn Sie mit dieser Situation souverän und flexibel umgehen und an anderer Stelle mit Ihren Ausführungen punkten können. Im Gegenteil: Wenn eine Prüfungskandidatin während der ganzen Prüfungszeit alle Fragen beantworten kann, haben die Prüfer manchmal das Gefühl, nicht schwierig genug gefragt zu haben. Für die Beantwortung dieser „leichten" Fragen wird demzufolge selten eine sehr gute Note vergeben. Gehen Sie also entspannt damit um, wenn Sie die eine oder andere Frage nicht oder nur teilweise beantworten können. Nutzen Sie die Chance, um mit „lautem Denken" zumindest Ihre Gedankengänge darzustellen (siehe weiter unten). Außerdem können Sie unter Umständen sogar Sympathiepunkte sammeln, wenn Sie bei anspruchsvollen Fragen eingestehen müssen, dass diese zu schwierig für sie sind. (Dies ist ja auch gleichzeitig eine Art Kompliment für den Prüfer, der diese raffinierte Frage gestellt hat). Dosieren Sie diese Eingeständnisse aber sparsam. Ein Prüfungskandidat, der in einer halben Stunden das zehnte Mal sagt „Puhhhh, das ist aber eine schwierige Frage, da habe ich keine Ahnung!" macht keinen souveränen Eindruck.
- Schöpfen Sie Ihre Sprechzeit aus.
  Die Prüfung ist zeitlich begrenzt und Sie sollten die kostbaren Minuten der eigenen Sprechzeit so gut wie möglich nutzen. Wenn Sie gründlich nachdenken müssen, gönnen Sie sich ruhig einige Sekunden, aber vermeiden Sie längere

Phasen des Schweigens. Wenn es absehbar ist, dass Sie eine Frage auch mit Hilfestellung, z.B. nach der Bitte an den Prüfer, die Frage in anderen Worten neu zu formulieren, überhaupt nicht beantworten können und auch keine Alternativantworten parat haben, können Sie den Prüfer bitten, zur nächsten Frage überzugehen.

- Lenken Sie die Prüfung selbst.
  Indem Sie die groben Argumentationslinien des Prüfungsthemas gut vorbereiten, z.B. anhand einer Mind-Map, können Sie das Gespräch geschickt lenken. Wenn die Prüferin es zulässt, können Sie so diejenigen Themengebiete ansprechen, in denen Sie sich sicher fühlen und unangenehmere Inhalte vielleicht umgehen oder zumindest weniger Zeit darauf verwenden. Es kann von Vorteil sein, einige Elemente dabei auswendig zu lernen. Diese sollten Sie dann allerdings nicht aufzählen und einfach runterbeten, sondern auch erläutern. Das Auswendiglernen soll lediglich als gedankliche Stütze dienen.

- Beginnen Sie mit Ihrem Lieblingsthema.
  Falls Sie die Prüfung selbst eröffnen dürfen, beginnen Sie mit dem Thema, das Sie am liebsten mögen und am besten vorbereitet haben. Wenn möglich, sollte ein Großteil der Prüfungszeit für Themen verwendet werden, die Sie sicher beherrschen. Falls dies nicht machbar ist, versuchen Sie zumindest Ihr Lieblingsthema – und wenn es nur randständige Bezüge und Zusammenhänge sind – noch irgendwo an späterer Stelle unterzubringen. Dazu hilft es immens, wenn Sie sich in der Vorbereitung sämtliche Strukturen und Zusammenhänge klar gemacht haben, zum Beispiel mit Hilfe einer Skizze oder Mind-Map. Indem Sie die inhaltlichen Verbindungen begriffen haben, können Sie darauf immer wieder zurückgreifen. Wenn Sie auf eine Frage keine Antwort haben, können Sie so möglicherweise auf ein benachbartes Gebiet zurückgreifen und diese Antwort anbieten.

Wenn die Prüferin beispielsweise fragt „Erklären Sie, warum die Methode XY heutzutage nicht mehr angewandt wird." und Sie die Antwort nicht wissen, können Sie eine Alternativantwort anbieten: „Die Gründe, warum XY sich nicht durchsetzen konnte, hängen eventuell mit den Vorteilen der aktuellen Methode AB zusammen. Diese zeichnet sich ja dadurch aus, dass…". Eine aufmerksame Prüferin wird natürlich bemerken, dass Sie die Frage nicht beantwortet haben, allerdings zeigen Sie stattdessen anderes Wissen und es besteht sogar die Chance, dass die Prüferin – wenn Sie Ihnen wie zumeist wohlgesonnen ist – an Ihrem Antwortangebot anknüpft.

• Denken Sie laut.
Wenn Sie eine Frage ausführlich beantworten können, werden Sie sie von ganz alleine flüssig darstellen können. Schwieriger wird es, wenn eine Frage gestellt wird, mit der Sie überhaupt nicht gerechnet haben, die Sie nicht beantworten können oder wenn Sie den Faden verloren haben. Folgende drei Vorgehensweisen haben sich in schwierigen Gesprächssituationen bewährt.

1. Um eine Denkpause bitten: Es ist in Ordnung, wenn Sie zunächst einige Sekunden schweigen, um in Ruhe nachzudenken. Sie können auch ganz offensiv um Bedenkzeit bitten: „Einen Moment bitte, ich muss das gedanklich sortieren." oder ganz selbstbewusst: „Würden Sie bitte die letzte Frage wiederholen?". Um eine längere Phase des Schweigens zu vermeiden und die Prüfer an Ihren Gedanken teilhaben zu lassen, entwickeln Sie Ihre Antwort am besten laut: „Oh, mit dieser Frage hätte ich nicht gerechnet! Mal sehen, also prinzipiell zeichnet sich die Moralentwicklung von Kindern durch bestimmte Phasen aus…". Wie im vorherigen Stichpunkt beschrieben, hängt es nun vom Prüfer ab, ob er auf Ihre Alternativantwort eingeht und daran anknüpft oder auf seiner Frage beharrt. Wenn dies der Fall ist, werden Sie letztendlich

nicht die Antwort geben können, die sich der Prüfer erhofft hatte. Dennoch konnten Sie zumindest weiteres Wissen vorbringen, was positiv wahrgenommen wird. Zu einer insgesamt positiveren Wahrnehmung trägt es auch bei, wenn Sie „negative" Sätze vermeiden wie „Das weiß ich nicht", „Puhhh…das kann ich nicht beantworten" oder „Darauf habe ich mich nicht vorbereitet". Stattdessen sollten Sie Alternativen anbieten, zum Beispiel: „Ich habe mich in der Vorbereitung intensiv mit der Theorie XY auseinandergesetzt und aus dieser Perspektive betrachtet…".

2. Aufschieben: Hier möchte ich zwischen einem „ehrlichen Aufschieben" und dem „taktischen Aufschieben" unterscheiden. Wenn Sie es höflich anstellen, wird es Ihnen sicherlich gestattet, eine Frage später zu beantworten. Manchmal stellt der Prüfer eine Frage, die Sie ohnehin an späterer Stelle aufgegriffen hätten und deren Antwort Sie kennen. Dies können Sie direkt ansprechen: „Ja, genau, dazu wollte ich gleich kommen. Ich würde gerne zunächst noch die beiden Aspekte X und Y gegenüberstellen." Auf diese Weise werden Sie nicht aus Ihrem Gedankenfluss gerissen und gewinnen weitere wertvolle Sprechzeit. Zudem sichern Sie sich eine richtige Antwort zu einem späteren Zeitpunkt.

Sie können aber auch ganz frech taktieren, wenn eine Frage gestellt wird, die Sie im Moment nicht beantworten können. Dabei würden Sie – wie eben genannt – auf später verweisen, allerdings in der Hoffnung, dass es dazu gar nicht mehr kommt, weil die Zeit vorbei ist, der Prüfer die Frage vergessen hat oder der Prüfungsverlauf mittlerweile bei einem anderen Thema angelangt ist. Wenn Sie Pech haben, wird die Frage erneut aufgegriffen und nun müssen Sie abwägen, wie Sie damit umgehen (vgl. in diesem Kapitel beschriebene Beispiele).

3. Nachfragen: Wenn Sie die Frage nicht verstanden haben oder sich unsicher sind, sollten Sie das sofort mitteilen. Ent-

weder Sie wiederholen die Frage in eigenen Worten: „Ich weiß nicht, ob ich die Frage richtig verstanden habe. Geht es um die historische Bedeutung dieser Theorie?" oder Sie bitten um eine erneute Frage in anderen Worten: „Es tut mir leid, ich habe die Frage nicht verstanden. Würden Sie die Frage bitte noch einmal anders formulieren?"

• Nehmen Sie Kritik oder verunsichernde Fragen nicht persönlich.

Im Verlauf der Prüfung gibt es manchmal Situationen, die die Prüfungskandidaten subjektiv als schwierig oder unangenehm empfinden. Dazu gehören zum Beispiel unerwartete, gemeine Fragen und verunsichernde oder kritische Nachfragen zu einer Antwort, z.B. „Und wie würden Sie das beweisen?", „Sehen das alle Fachvertreter so?", „Was veranlasst Sie zu dieser Einschätzung?" oder „Das sehe ich aber ganz anders!" Auf keinen Fall sollten Sie Nachfragen als Kritik verstehen oder eine andere Meinung als Angriff auf Ihre Person deuten. Versuchen Sie, diese „Kritik" nicht persönlich zu nehmen, sondern konstruktiv zu nutzen und gehen Sie darauf ein. Bitten Sie den Prüfer, eine komplizierte Frage noch einmal in einfachen Worten zu wiederholen: „Das ist eine komplizierte Frage, könnten Sie sie bitte noch einmal anders formulieren?" oder seien so frei und beantworten Sie nur einen Teil der zu langen Frage „Das sind ja im Grunde mehrere Fragen, ich gehe zunächst auf XY ein…". Bei einer Frage, die Sie als gemein empfinden, handelt es sich in den seltensten Fällen um eine bewusste Absicht des Prüfers. Meist möchte er nur herausfinden, wie Sie mit einer Frage umgehen, die weit über das Prüfungsthema hinausgeht oder nur randständig etwas damit zu tun hat. Hier wird weniger Ihr Wissen geprüft, als viel mehr Ihre Fähigkeit, geistig flexibel, schlagfertig und eloquent zu sein. Denken Sie laut und versuchen Sie, sich der Frage zu nähern, indem Sie Schritt für Schritt eine Antwort entwickeln: „Ich versuche erst einmal, einen Bezug zum Thema herzustellen. Wahrscheinlich wollen Sie auf die Kritik an der Forschungsmethode hinaus, die in den letzten Jahren immer lauter wurde…".

- Klinken Sie sich ein.

Manche Prüfer hören sich selbst gerne reden und erläutern ausgiebig bestimmte Aspekte des Themas. Selbstverständlich ist dies Redezeit, die Ihnen fehlt, dennoch bewerten die meisten Prüfer dies nicht zu Ihren Ungunsten. Wenn Sie allerdings das Gefühl haben, schon viel zu viel Zeit „verloren" zu haben, sollten Sie immer mal wieder einhaken und fragen, ob Sie dazu auch etwas sagen dürfen, zustimmend nicken oder auch Überraschung zeigen. So können Sie – auch wenn der Prüfer spricht – eine aktive Teilnahme durch aktives Zuhören, Nachfragen und Ergänzungen demonstrieren.

- Lassen Sie sich eines Besseren belehren.

Der Prüfer sagt streng „Das stimmt nicht!" oder „Da liegen Sie falsch!", während Sie sich nur auf die gelesene Literatur beziehen. Die Frage, wer nun wirklich Recht hat, wird in der Prüfung nicht beantwortet werden können und ist hier auch nicht sinnvoll. Schließlich wollen Sie sich nicht mit dem Prüfer anlegen und eine schlechte Note riskieren. Handeln Sie lieber strategisch und distanzieren Sie sich zunächst von Ihrer Aussage „Das ist zumindest die Meinung von XY, der in seinem Aufsatz von 2013 dazu Stellung bezieht…" und gehen Sie auf die Korrektur des Prüfers ein. Sie können ihm zum Beispiel zeigen, dass Sie froh darüber sind, über Ihr falsches Wissen aufgeklärt worden zu sein: „Ach! Tatsächlich?! Das ist ja interessant, das hatte ich in der Literatur so nicht gefunden." und begleiten Sie diese Aussage mit ehrlich gemeintem, zustimmenden Nicken – ohne zu übertreiben. Um Ihr Interesse an der Korrektur zu untermauern, können Sie auch noch weitere Frage dazu stellen.

- Über-Interpretieren Sie Körpersprache nicht.
  Machen Sie sich bewusst, dass Sie sich als Prüfungskandidat in einer Stresssituation befinden, in welcher Sie vieles sensibler und auch drastischer wahrnehmen, als Sie es in entspanntem Zustand tun würden. Lassen Sie sich von bestimmten Verhaltensweisen der Prüfer oder ihrer Körpersprache nicht verunsichern, zum Beispiel durch eine besorgte Mimik, Kopfschütteln, Seufzen oder überhebliches Grinsen. Oft fällt es einem Prüfer selbst gar nicht auf, dass er ständig besorgt den Kopf schüttelt oder seufzend auf dem Stuhl hin und her rutscht. Höchstwahrscheinlich ist dies kein Ausdruck von Ablehnung oder Kritik, sondern eine Angewohnheit oder das Resultat von chronischen Rückenschmerzen. Halten Sie sich also nicht mit Spekulationen auf, sondern konzentrieren Sie sich lieber so gut es geht auf die Prüfungsthemen und versuchen Sie aktiv, als unangenehm empfundene Verhaltensweisen auszublenden und sich nicht verunsichern zu lassen.
- Verlieren Sie nie die Fassung.
  Egal, wie die Prüfung verläuft – Sie sollten die Nerven bewahren. Machen Sie sich immer bewusst, dass kein Prüfer darauf aus ist, Prüfungskandidaten durchfallen zu lassen, denn das bedeutet nur erneute Arbeit. Fast alle Prüfer sind bemüht, das Beste aus den Prüflingen herauszuholen, denn neben dem Aspekt der Menschlichkeit ist eine gute Prüfung auch ein Feedback an die Prüfer selbst, dass sie „gut geprüft" haben und die Studierenden viel in ihren oder den Veranstaltungen der Kollegen gelernt haben. Wenn Sie in der Prüfung merken, dass es nicht gut läuft, dass Sie kurz vor dem Blackout stehen oder dass die Prüferin schlecht gelaunt ist, sollten Sie sich bemühen, ganz ruhig zu bleiben. Atmen Sie tief ein und aus, bleiben Sie höflich und freundlich und halten Sie durch. Oft ist die Note dann doch besser als gedacht und wenn es hart auf hart kommt und Sie die Prü-

fung bzw. die Note anfechten wollen, kann dies ohnehin nicht während der Prüfung geschehen, sondern erst im Nachhinein und mit kühlem Kopf. Falls Sie tatsächlich durchgefallen sind ist das auch kein Weltuntergang. Normalerweise können Sie die Prüfung wiederholen und haben nun viel mehr Erfahrung (vgl. Kapitel 6.2 Durchgefallen – Wie geht es weiter?).

- Achten Sie auf Ihre Sprache.
Meistens ist es nötig, dass Sie Definitionen, Fachbegriffe etc. auswendig lernen und sich damit zwangsläufig der Fachsprache bedienen. Auch wenn es darum geht, den Lernstoff näher zu erläutern verwenden viele Studierende automatisch Fachtermini und drücken sich eher gewählt aus. Umso mehr überrascht es die Prüfer, wenn ein Prüfungskandidat beispielsweise bei persönlichen Stellungnahmen oder durch Nervosität in einfache Umgangssprache verfällt und möglicherweise in der heimischen Mundart oder im Jugendjargon spricht. Prinzipiell ist es natürlich während der Prüfung und auch im Berufsleben erlaubt und durchaus sympathisch, wenn jemand so spricht „wie ihm der Schnabel gewachsen ist". Eine leichte, regionale Tonfärbung ist dabei überhaupt kein Problem. Dennoch wollen Sie ja als Vertreter Ihres Fachs als kompetent und professionell wahrgenommen werden und sollten in fachlichen Zusammenhängen – insbesondere in Prüfungen – darauf achten, dass Ihre Sprache der Situation angemessen ist. Das heißt, Sie sollten sich der Fachsprache bedienen, ohne dass Sie künstlich oder geschwollen klingen. Dabei hat es sich bewährt, bereits in der Vorbereitungsphase der Gruppendiskussionen Ihre Mitstreiter zu bitten, auf bestimmte, auffällige oder störende sprachliche Eigenarten zu achten. Vielen fällt es selbst gar nicht auf, dass sie ständig „äh äh", „ne", „oder?" verwenden, ganz zu schweigen von den grässlichen Lückenfüllern „halt" oder „eigentlich". Wenn Sie erst einmal bewusst

wahrnehmen, wie häufig Sie diese Wörter verwenden, ist das schon der erste Schritt zur Verbesserung. Ein kurzes Schweigen kann helfen, sich gedanklich zu sammeln und dann einen knappen, klaren Satz zu formulieren.

- Bereiten Sie die Argumentationslinien gut vor.
- Schöpfen Sie Ihre Sprechzeit voll aus.
- Lenken Sie die Prüfung wenn möglich selbst.
- Beginnen Sie mit Ihrem Lieblingsthema.
- Denken Sie laut.
- In schwierigen Situationen können Sie:
  - Um Denkpausen oder Wiederholung der Frage bitten.
  - „Negative" Sätze vermeiden und Alternativen anbieten.
  - „Ehrlich" oder „taktisch" aufschieben.
  - Nachfragen.
- Nehmen Sie Kritik oder verunsichernde Fragen nicht persönlich.
- Klinken Sie sich ein.
- Lassen Sie sich eines Besseren belehren.
- Über-Interpretieren Sie Körpersprache nicht.
- Verlieren Sie nie die Fassung.
- Achten Sie auf Ihre Sprache.
- Nehmen Sie Kritik oder verunsichernde Fragen nicht persönlich.

5.2   Die wichtigen ersten Minuten

Höchstwahrscheinlich kennen Sie Ihre Prüfer schon, dennoch zählt auch hier erneut der erste Eindruck. Die Prüfer werden registrieren, wie Sie gekleidet sind, ob Sie souverän und höflich auftreten und ob Sie nervös sind. Unbewusst werden die

Prüfer anhand Ihres Äußeren einschätzen, ob Sie als Vertreter Ihres Fachs durchgehen würden (vgl. Kapitel 4.1.3 Organisatorische Vorbereitung und Kleidungswahl).

Beim ersten Kontakt am Prüfungstag sollten Sie die Prüfer und den Protokollanten freundlich begrüßen. Die Prüfer wissen, dass Sie mehr oder weniger nervös sind und Sie müssen dies nicht verbergen. Arrangieren Sie sich damit, denn keiner nimmt Ihnen verschwitzte Hände oder rote Flecken im Gesicht übel. Im Gegenteil: Allzu abgeklärte und entspannte Prüfungskandidaten wirken schnell so, als würden Sie die Prüfungssituation – und damit auch die Bemühungen der Prüfer – nicht ernst nehmen oder als würden sie wie selbstverständlich davon ausgehen, sehr gut zu bestehen. Sie wirken dann schnell entweder überheblich oder gleichgültig. Begrüßen Sie alle Beteiligten höflich und vergessen Sie auch den Protokollanten nicht, denn er könnte noch wichtig für Sie sein (vgl. Kapitel 5.6 Die Rolle des Protokollanten).

Nach der Begrüßung sollten Sie abwarten, bis Ihnen ein Platz angeboten wird. Dies ist höflicher, als es sich allzu selbstverständlich irgendwo bequem zu machen. Legen Sie Ihre Tasche und die Jacke ab und platzieren Sie auf dem Tisch nur das, was Sie für die Prüfung benötigen. Normalerweise ist dies die Tischvorlage, also eine Mind-Map, Gliederung oder Thesenpapier und die Literaturliste, und wenn Sie möchten, können Sie auch etwas zum Trinken auf den Tisch stellen. Beabsichtigen Sie, etwas zu skizzieren, dürfen Sie auch Papier und Stift bereit legen. Bitte achten Sie darauf, dass Ihr Handy oder Smartphone lautlos oder ausgeschaltet ist und legen Sie es nicht auf den Tisch. Dies gilt auch für Zigarettenschachteln, Schlüssel, Geldbörse, MP3-Player oder andere Gegenstände.

Bei der Begrüßung wird der Prüfer Sie vielleicht fragen, ob es Ihnen gut geht, wie die Anreise war oder Ähnliches. Schlagen Sie dieses Kommunikationsangebot nicht aus, sondern nutzen Sie es, um freundlichen Kontakt aufzunehmen und von vornherein positiv in Erscheinung zu treten. Geben Sie ruhig zu, dass Sie nervös sind, aber wirken Sie nicht verzweifelt. Eine positive Formulierung ist hier angebrachter als Schwarzmalerei. Auch wenn Sie sich denken „Das schaffe ich nie! Hoffentlich ist bald alles vorbei!", sagen Sie lieber „Ich bin etwas aufgeregt, aber ich werde mein Bestes geben." oder etwas in der Art. Sie können auch von der Anfahrt berichten oder eine Auffälligkeit im Gebäude oder im Prüfungsraum ansprechen. In der Begrüßungsphase, in der meist höflicher Smalltalk stattfindet, können Sie also ganz banal von der herrlichen kühlen Luft draußen schwärmen oder erzählen, wie toll Sie die imposante Palme im Eingangsbereich des Gebäudes finden. Versuchen Sie in den ersten Minuten des Kontakts Optimismus und Freundlichkeit auszustrahlen. Das geht am einfachsten, wenn die ersten Sätze in irgendeiner Form positiv sind. Wenn Sie nicht der Typ für Smalltalk sind, können Sie es aber natürlich auch bei einem freundlichen Lächeln und einem Händedruck belassen.

Oft ist nach den ersten netten Worten schon ein Teil der Anspannung verflogen – man hat sich sozusagen schon ein bisschen „warm gesprochen" und die Prüfer im Plauderton erlebt, was beruhigend wirken kann.

 TIPP

Treten Sie höflich zurückhaltend und optimistisch auf und führen Sie kurzen, aber freundlichen Smalltalk. Stehen Sie zu Ihrer Anspannung oder Nervosität und gehen Sie gelassen mit sichtbaren Anzeichen wie Schweiß, Zittern und roten Flecken um.

5.2.1 Eröffnungsarten: Einleitende Worte, Mind-Map, Thesenpapier oder Bild/Karikatur

Die ersten Minuten der Prüfung sind nicht nur von großer Bedeutung für den Eindruck, den Sie bei den Prüfern hinterlassen und der Atmosphäre, sondern vor allem für den weiteren Verlauf der Prüfung. Wenn Sie diese geschickt nutzen, können Sie inhaltliche Weichen stellen und zudem die Prüfer jetzt schon von Ihrem Wissen und Ihren Fähigkeiten überzeugen. Grundsätzlich sollten Sie sich ein paar eröffnende Sätze überlegen, die Sie als Einstieg vorbereiten, auch wenn Sie zudem ein Papier vorlegen dürfen. Bei manchen Prüfern ist es üblich, den Prüflingskandidaten wählen zu lassen, mit welchem Thema er beginnen möchte. Nutzen Sie dieses Angebot, indem Sie Ihre Wahl begründen. Häufig dürfen Sie auch einen zwei- oder dreiminütigen einleitenden Vortrag halten, den Sie gewissenhaft vorbereiten und auch probehalber jemandem vortragen sollten. Dieser kann genutzt werden, um die Mind-Map zu erläutern, die Themenwahl zu begründen und verschiedene Facetten des Prüfungsthemas darzustellen.
Wenn Sie das Tagesgeschehen in den Medien verfolgt haben und Ihr Thema in irgendeiner Form aktuell ist, können Sie auch dies mit den ersten Sätzen oder im Kurzvortrag aufgreifen.
Manchmal besteht nicht die Möglichkeit, die Prüfung selbst zu eröffnen, sondern die Prüferin stellt direkt eine Frage. Um den Einstieg sanft zu gestalten und nicht zu riskieren, dass der Prüfungskandidat vielleicht schon an der ersten Frage scheitert und im weiteren Verlauf der Prüfung immer nervöser wird, fällt die erste Frage meist sehr offen aus. Sie kann zum Beispiel lauten:„Warum haben Sie sich für dieses Thema entschieden?" oder „Was hat Sie bei diesem Thema am meisten beeindruckt/überrascht…?". Bereiten Sie eine gut überlegte Antwort vor, die zeigt, dass Sie sich auch in der Tiefe mit dem Thema befasst haben. Vermeiden Sie Sätze wie „Äh…alles

andere war mir zu schwierig." oder „Habe keine andere Literatur gefunden." Nutzen Sie die Zeit, die Sie jetzt haben, um die Linien Ihrer Vorbereitung zu skizzieren oder zu erläutern, warum und wie Sie die Inhalte auf Ihrem Papier dargestellt haben. Eine gute Vorbereitung zahlt sich an dieser Stelle besonders aus! Hier sollten Sie kurz und prägnant vom Allgemeinen bis in die Details skizzieren, besondere Problemstellungen aufzeigen und Zusammenhänge erläutern.

TIPP

Nutzen Sie bereits die ersten Minuten, um die Prüfer nicht nur davon zu überzeugen, dass Sie viel wissen, sondern auch davon, wie fleißig Sie sich eingearbeitet haben und wie ernst Sie das Thema und die Prüfungssituation nehmen. Arbeiten Sie hier schon auf Ihre (sehr) gute Note hin, indem Sie kompetent auftreten!

Die einleitenden Worte – sofern Sie Ihnen angeboten werden – können sich also entweder allgemein auf das Thema oder konkret auf die Tischvorlage beziehen. Je nachdem, für welche Art von Tischvorlage Sie sich entschieden haben, bieten sich unterschiedliche Vorgehensweisen an.

5.2.2 Bild, Karikatur oder andere graphische Darstellungen

Wenn Sie die Prüfung mit einem Bild beginnen möchten, sollte dies wohlüberlegt ausgewählt sein und einen zentralen Aspekt des Prüfungsthemas aufgreifen. Meist wird die Illustration lustig, ironisch oder kritisch sein und einen problematischen Aspekt des Themas aufgreifen. Hier ein Beispiel aus der Schulpädagogik:

Abbildung 7: „Chancengleichheit" von Thomas Plaßmann

Der Vorteil dieses Einstiegs liegt im relativ lockeren Zugang. Prüfer und Protokollant werden sich das Bild zunächst ansehen und vielleicht auch eine amüsierte, empörte oder fragende Reaktion zeigen, an die sich anknüpfen lässt. Sie können antizipieren, wie die Reaktion aussehen kann oder bei Vorlage des Bildes direkt Ihre eigene erste Reaktion beschreiben: „Als ich diese Karikatur zum ersten Mal sah, musste ich herzlich lachen, weil …" oder „…wusste ich gar nicht, ob ich lachen oder weinen soll. Das Bild ist zwar lustig gezeichnet, aber die bittere Wahrheit dahinter ist nun mal, dass…".
Ein Vorteil dieses spielerischen Zugangs liegt in der lockeren Herangehensweise, die sich auf die Stimmung auswirken und Anspannung mildern kann. Auf der anderen Seite ist mit einer bildlichen Darstellung meist nur ein kleiner Aspekt aufgegriffen, der im Anschluss weiter ausgeführt werden muss. Vergessen Sie bitte nicht, die Quelle des Bildes anzugeben. Wenn

Sie möchten, können Sie natürlich auch selbst eine Illustration anfertigen, eine Collage erstellen oder auf ähnliche Weise kreativ werden.

5.2.3 Thesenpapier

Da das Thesenpapier (vgl. Kapitel 2.5) als Grundlage des Prüfungsgesprächs dienen soll, bietet es sich zu Beginn nicht an, gleich mit der ersten These zu beginnen. Die wertvollen Eröffnungsminuten lassen sich viel besser ausschöpfen. Erklären Sie lieber, wie Sie die Thesen entwickelt haben, wie sie thematisch aufeinander aufbauen oder welche Bezugstheorien enthalten sind. Gerne können Sie auch von Schwierigkeiten berichten – welche selbstverständlich auf die Komplexität des anspruchsvollen Prüfungsthemas zurückzuführen sind – die bei der inhaltlichen Diskussion der Thesen aufgetaucht sind. Von dieser Metaebene aus können Sie die übergeordneten Strukturen darstellen und der Prüfer wird sich an passender Stelle einklinken. Wenn Sie selbst entscheiden dürfen, wählen Sie die These aus, die Ihnen am liebsten ist und die am meisten hergibt. Überlegen Sie sich schon bei der Vorbereitung, wie Sie argumentativ zwischen den einzelnen Thesen Bezüge herstellen können. Dies zahlt sich aus! Wenn es Ihnen gelingt, geschickt von einer These zur nächsten zu steuern, können Sie den Prüfungsverlauf mitgestalten und dabei bei Ihren Lieblingsschwerpunkten bleiben. Mit ein bisschen Glück können Sie den Großteil der Prüfungszeit so überstehen und die Wahrscheinlichkeit, dass unangenehme oder schwierige Fragen gestellt werden minimieren.

■ **TIPP**

Je mehr Sie selbst Einfluss nehmen können, desto besser müssen Sie vorbereitet sein, aber umso größer ist
auch die Chance, dass Sie glänzen können!

5.2.4 Mind-Map oder Skizze

Auch wenn es sich bei einer Mind-Map (vgl. Kapitel 2.5) oder
einer freien Skizze um unterschiedliche Darstellungsformen
handelt, ist der Umgang damit ähnlich. Wenn Sie die Möglichkeit haben, steigen Sie am besten nicht sofort in die Mind-
Map ein, sondern berichten Sie zunächst, warum Sie diese
Darstellungsform gewählt haben, welche Vorteile sie bietet,
welche Äste Sie ausgewählt und welche Sie bewusst wegge-
lassen haben etc. Indem Sie von dieser Metaebene aus beschreiben, was Sie sich bei der Anfertigung gedacht haben,
können Sie zeigen, wie gut Sie das Thema überblicken, dass
Sie neben den groben Strukturen auch Details beachtet haben
und dass Sie gezielt bestimmte Aspekte ausgespart haben.
Für den inhaltlichen Einstieg bietet es sich an, einen zentralen
Punkt der Mind-Map auszuwählen, was meist der Mittelpunkt
sein wird. Sie können aber auch umgekehrt vorgehen und sich
von außen nach innen vorarbeiten. Egal wofür Sie sich entscheiden, es sollte logisch begründet sein. Am einfachsten
fällt die Entscheidung, wenn Sie sich überlegen, welche Aspekte thematisch am wichtigsten sind und bei welchen Sie
sich am sichersten fühlen bzw. am besten vorbereitet sind.
Idealerweise sollten Sie dann dort beginnen und von dort aus
jene Themen ansteuern, mit denen Sie ebenfalls sehr vertraut
sind. Wenn Sie geschickt durch die Mind-Map navigieren,
können Sie möglichst lange in vertrauten Gebieten verbrin-

gen, so dass das Risiko sinkt, dass viel Zeit auf einen Aspekt fällt, den Sie nicht so gut vorbereitet haben.

5.2.5 Gliederung

Eine Gliederung (vgl. Kapitel 2.5) bietet zwar einen guten Überblick, aber gleichzeitig wenig Spielraum, wenn die einleitenden Worte an ihr ausgerichtet sind. Aus diesem Grund eignet sie sich eher für schriftliche Prüfungen. Manchmal wird dennoch erwartet, dass eine Gliederung – mitunter auch in Kombination mit einem Thesenpapier – als Tischvorlage für die mündliche Prüfung vorgelegt wird. Vergeuden Sie keine wertvolle Prüfungszeit damit, die Gliederung mehr oder weniger vorzulesen: „Als erstes wollte ich den Begriff „XY" klären, dann kommen die historischen Zusammenhänge, zum Schluss sollen zwei Gegenpositionen dargestellt werden". Die Prüfer wünschen sich von Ihnen Informationen, die sie noch nicht haben. Sie können beispielsweise begründen, warum Sie die Gliederung auf diese Art und Weise angefertigt haben: „Vielleicht finden Sie es ungewöhnlich, dass ich die Begriffe „XY" und „AB" im Punkt 2.2 gemeinsam aufführe, aber das möchte ich gerne begründen." oder wo Sie Probleme hatten: „Es fiel mir schwer, aufgrund der unterschiedlichen Definitionen von XY eine einzige Bezugstheorie auszuwählen. Jede nimmt einen anderen Aspekt in den Fokus und ich werde gleich erläutern, warum ich mich für diese Theorie entschieden habe."

5.3   Der Prüfungsverlauf

Nachdem die ersten Minuten der Prüfungseröffnung vergangen sind, haben sich alle Beteiligten normalerweise innerlich eingefunden. Die Prüfungskandidaten sind nun meist etwas entspannter und gedanklich voll auf das Thema konzentriert. Die Art der Eröffnung hat oft schon den Charakter, der auch den weiteren Prüfungsverlauf prägt. Hat der Prüfer selbst eröffnet und Fragen gestellt, ist die Wahrscheinlichkeit groß, dass es so weiter geht und Sie relativ wenig Gestaltungsspielraum haben. Manche Prüfer bevorzugen den Frage-Antwort-Modus, weil sie ihre Liste mit Fragen abarbeiten können, ohne selbst flexibel und konzentriert ein Prüfungsgespräch führen zu müssen. Dies muss kein Nachteil sein, denn der Modus der Prüfung entscheidet nicht per se über die Note. Abhängig vom Typ des Prüfungskandidaten fühlen sich manche wohler, wenn sie passiv bleiben können, während andere eben lieber aktiv führen. Bei beiden Varianten ist einiges zu beachten:

- Da Sie weder die Fragen noch den Diskussionsverlauf im Vorfeld kennen, lassen sich keine konkreten Antworten vorbereiten. Aber Sie können Argumentationslinien und Zusammenhänge verinnerlichen und zur gegebenen Zeit abrufen. Spätestens jetzt werden Ihnen die Erfahrungen aus den Gruppendiskussionen nützlich sein.

- Wenn Sie die Prüfung selbst eröffnet haben und gerade dabei sind, Ihre Tischvorlage zu erläutern, wird der Prüfer sich an irgendeiner Stelle einklinken. Meiner Erfahrung nach schöpfen viele Prüfungskandidaten die ersten Minuten nicht aus, sondern sagen einige wenige Sätze und warten dann darauf, dass der Prüfer eine Frage stellt. Machen Sie es andersrum: Nutzen Sie die Bühne für Ihre – wenn auch kurze – Aufführung und hören Sie erst auf, wenn Sie unterbrochen werden. Solange Sie selbst sprechen, können keine schwierigen Fragen gestellt werden, aber Sie können umgekehrt Ihr Bestes zeigen, das Sie natürlich gewissenhaft vorbereitet haben. Wenn Ihr Prüfer sich nun einklinkt, wird dies meist an dem anknüpfen, was Sie gerade dargestellt haben und zu einer Diskussion führen.

☐ **TIPP**

Sprechen Sie möglichst lange selbst! Sie können so Ihr Bestes zeigen und es können in dieser Zeit keine schwierigen Fragen gestellt werden.

Wenn Sie aus welchen Gründen auch immer dauerhaft passiv bleiben, ist das Risiko groß, dass die Prüfung stagniert und zu einem abfragenden Prüfungsstil führt. Dies muss zwar nicht zwangsläufig in einer schlechten Note münden, aber Sie geben die Prüfung damit weitestgehend aus der Hand. Ähnliches kann passieren, wenn die Prüferin sich selbst gerne reden hört, Sie kaum sprechen lässt oder Ihnen ins Wort fällt. Glücklicherweise passiert das selten, dennoch sollten Sie in einem solchen Fall immer wieder versuchen, Ihre Argumentationslinien aufzugreifen, z.B. „Diese Frage lässt sich unterschiedlich beantworten, daher möchte ich zunächst von meiner These ausgehend erläutern, wie..." oder „Ich würde gerne noch mal auf meine letzte Erläuterung zurückkommen...".

Für den Hauptteil der Prüfung ist es am wichtigsten, dass Sie die allgemeinen Wissens- und Argumentationslinien Ihres Themas beherrschen und erläutern können. Verzetteln Sie sich in der Vorbereitung daher nicht mit Detailfragen, sondern konzentrieren Sie sich auf das große Ganze. Erst wenn Sie sich im Themenfeld sicher fühlen und über solides Grundwissen verfügen, sollten Sie sich zusätzlich einige Wissensdetails, spezielle oder übergreifende Aspekte des Themas aneignen und versuchen, diese an den geeigneten Stellen unterzubringen. Die Wahrscheinlichkeit, dass die Prüfer von sich aus eine Frage stellen, mit deren Beantwortung Sie auf diese Details zu sprechen kommen können, ist äußerst gering. Wägen Sie im Vorfeld also genau ab, ob und wo es sich thematisch anbietet, ins Detail zu gehen und den Versuch zu wagen, dieses Spezialwissen einzubringen.

Erstrebenswert und im wahrsten Sinne des Wortes „eine runde Sache" ist es, wenn es Ihnen gelingt – und die Prüfer dies auch zulassen – vom einleitenden Überblick und der Darstellung der Zusammenhänge ein Spezialthema anzusteuern, um am Ende wieder auf das übergeordnete Allgemeine oder die Ausgangsthese zurückzukommen.

5.4 Der Abschluss

Wenn die Prüfung langsam dem Ende zugeht, verfolgen viele Prüfer eine Art „Strategie der Vergewisserung". Während der Prüfung haben sich die Prüfer ein mehr oder weniger genaues Bild vom Prüfungskandidaten gemacht, seinem Wissen, seiner Ausdrucksweise, seinem Auftreten etc. und dementsprechend gedanklich schon eine Note vergeben. Um abzugleichen, ob diese Note nun auch erteilt werden kann oder ob sie zu gut oder zu schlecht ist, wird dem Prüfungskandidaten am Ende oft noch einmal „auf den Zahn gefühlt". Wenn die Prüfung sehr gut verlaufen ist, werden die Fragen nun meist sehr schwierig, um zu sehen, ob eine sehr gute Note auch wirklich gerechtfertigt wäre. Ist die Prüfung bisher eher zäh verlaufen, werden die meisten Prüfer versuchen, noch etwas „rauszuholen", indem Sie einfachere Frage stellen oder dem Prüfungskandidaten die Chance geben, sich z.B. noch persönlich zum Thema zu äußern.

Unabhängig davon, welchen Verlauf die Prüfung genommen hat: Sie sollten sich – wie auch bei der Einleitung – für den Schluss der Prüfung unbedingt einige zusammenfassende Sätze zurechtlegen oder sich zumindest Gedanken über eine persönliche Stellungnahme machen. Typische Fragen am Ende der Prüfung sind: „Wie stehen Sie persönlich zu dem Thema?" oder „Welches Fazit ziehen Sie aus den genannten Aspekten?". Natürlich kann auch eine unvorhergesehene Frage gestellt werden, die eine Transferleistung erfordert. Dies ist fast immer ein Zeichen dafür, dass die Prüfung gut verlief und die Prüfer nun herausfinden wollen, ob eine sehr gute Note gerechtfertigt wäre. Oft wird die Frage so gestellt, dass es „die eine richtige" Antwort nicht gibt und die Prüfer diese auch nicht erwarten. Hier geht es insbesondere darum herauszufinden, wie versiert der Prüfungskandidat mit der Frage umgeht. Wie gesagt: Es wird nie nur das geprüfte Wissen benotet, sondern auch der Eindruck, den die Prüfer von Ihnen als zukünftigen Fachvertreter haben. Und als solcher sollten Sie natürlich intelligent, nervenstark und eloquent sein.

Sie werden während oder am Ende der Prüfung vielleicht nach der eigenen Meinung oder einer Stellungnahme gefragt oder diese bewusst oder unbewusst selbst äußern. Dies stellt kein Problem dar, sofern:

- Sie sich gründlich Gedanken über Ihre eigene Position gemacht haben, diese begründen und verteidigen können.
- kein gesellschaftlich brisantes Thema betroffen ist, zu dem die Prüfer möglicherweise eine ganz andere Meinung haben.
- Sie sicher sein können, souveräne und gelassene Prüfer zu haben, die eine professionelle Distanz zum Thema und dem Prüfungsvorgang haben und sich bei einer anderen Sichtweise nicht auf den Schlips getreten fühlen.

VORSICHT FETTNÄPFCHEN!

In einigen Prüfungen, an denen ich als Protokollantin dabei war, habe ich erlebt, dass Prüfungskandidaten – wenn auch zu Unrecht – schlechter benotet wurden, nur weil die Prüfer eine andere Meinung zum Thema hatten. Auf die vermeintlich harmlose Äußerung einer Lehramtsstudentin „Also ich würde meine Kinder nie im Leben in eine Ganztagsschule stecken!" reagierte der prüfende Professor – wohlgemerkt ein Befürworter der Ganztagsschule – mit Unverständnis und anhaltender Übellaunigkeit. Die Studentin hatte es nach dieser Aussage deutlich schwerer, noch eine befriedigende Note zu erlangen.

Besonders vorsichtig sollten Sie meiner Erfahrung nach bei politischen und religiösen Themen sein sowie bei Themen, die mit Gleichstellung und Integration im weitesten Sinne zu tun haben. Aber auch ganz unverdächtige Themen können es in sich haben, wie das eben genannte Beispiel gezeigt hat.

 TIPP

Halten Sie sich zurück mit persönlichen Stellungnahmen, außer sie werden direkt gefordert. Wenn Sie Position beziehen, bleiben Sie sachlich und begründen Sie sie gut. Argumentieren Sie kritisch und vermeiden Sie einfache Schwarz-Weiß-Darstellungen, dann sind Sie auf der sicheren Seite.

5.5 Das Nachgespräch oder die Notenverkündung

Üblicherweise werden Sie am Ende der Prüfung gebeten, den Raum kurz zu verlassen. Die Prüfer beraten sich einige Minuten und wenn die Note feststeht, werden Sie zur Verkündung wieder hereingebeten. Meistens begründen die Prüfer kurz, wie diese Note zustande gekommen ist.
Es lohnt sich übrigens nicht, sich über die Dauer der Besprechung Gedanken zu machen. Manchmal ist die Note ganz eindeutig, dann ist nach wenigen Minuten alles geregelt, manchmal müssen die Prüfer auch noch ausdiskutieren, welche Note letztendlich vergeben wird. Eine lange Wartezeit bedeutet aber nicht immer, dass heftig diskutiert wird. Oft

lehnen sich die Prüfer einfach mal zurück, trinken etwas, lüften den Raum oder wechseln ein paar private Worte. Entspannen Sie sich lieber und bereiten Sie sich mental auf die Nachbesprechung vor.

Sie sollten die Notenverkündung nutzen, um wichtige Erkenntnisse über Ihr Auftreten, Ihre Vorbereitungs- und Lernstrategien und letztendlich über Ihre Fachkenntnisse zu erlangen (vgl. Kapitel 6 Nach der Prüfung). Egal ob Sie eine 1,0 bekommen haben, gerade so bestanden haben oder durchgefallen sind: Im Nachgespräch haben Sie die Möglichkeit, die Gründe zu erfahren. Manchmal sind die Prüfer aufgrund des knappen Zeitplans und der wartenden nächsten Prüfungskandidaten nicht in der Stimmung, die Note ausführlich zu begründen. Sie sollten dies dennoch höflich einfordern. Fragen Sie die Prüfer direkt, was Sie verbessern können, was Sie falsch gemacht haben, wo sie Ihre Stärken sehen etc. Die meisten Prüfer werden sich die Zeit nehmen, um Ihnen das Feedback zu geben.

Wenn Sie zu erschöpft sind, niedergeschmettert wegen der Note oder einfach keine Lust auf weitere Gespräche haben, können Sie den Prüfer natürlich auch in den Tagen nach der Prüfung – vorzugsweise in der Sprechstunde – kontaktieren, um Ihre Fragen zu stellen. Das Feedback der Prüfer ist sehr wichtig, damit Sie Ihr Prüfungsverhalten analysieren und verbessern können und zukünftige Vorbereitungsphasen ideal gestalten können (vgl. Kapitel 6.1 Analyse und Auswertung).

Die meisten Prüfer freuen sich, wenn sie den Prüfungskandidaten eine (sehr) gute Note mitteilen können. Manche Prüflinge reagieren dann höchst erfreut, manchen merkt man an, dass sie insgeheim schon damit gerechnet hatten und andere zeigen bei einer schlechten Bewertung ihre Unzufriedenheit auch sehr offen.

Sie müssen und sollen Ihre Gefühle natürlich nicht verbergen, aber ich empfehle Ihnen, sich mit Wutäußerungen, Beschuldigungen oder inszenierten Weinkrämpfen zurückzuhalten. Wenn die Note begründet wurde und feststeht, werden Sie mit keiner dieser Aktionen etwas daran ändern können. Im Gegenteil: Wenn Sie den Eindruck erwecken, die Prüfer einschüchtern oder Mitleid erregen zu wollen, werden Sie sie erst recht nicht überzeugen können. Die Prüfer werden eher an Ihrer charakterlichen Eignung für den angestrebten Beruf zweifeln.

Manche Prüfungskandidaten versuchen, die schon vergebene Note rückgängig zu machen, indem sie im Nachhinein alle möglichen Gründe für ihre schlechte Leistung vorbringen. Der Phantasie sind dabei kaum Grenzen gesetzt und manch ein Prüfungskandidat hat unter schauspielerischen Höchstleistungen schon versucht, die angeblich gerade verstorbene Urgroßtante als Grund seiner emotionalen und geistigen Verwirrung anzuführen. Von solch einer „Strategie" möchte ich dringend abraten. Wenn es in der Vorbereitungszeit tatsächlich größere Einschnitte in Ihrem Leben gab wie Krankheiten, Krisen, Geburt oder einen Todesfall, sollten Sie dies im Vorfeld mit Ihren Prüfern besprechen und nach einer Lösung suchen. Manchmal genügt ein Anruf beim Prüfungsamt, um das Datum der Prüfung ein oder zwei Wochen nach hinten zu verschieben. Wenn der belastende Zustand voraussichtlich länger anhält oder Sie mit chronischem Aufschiebeverhalten zu kämpfen haben, sollten Sie auch in Betracht ziehen, die Prüfung um ein Semester zu verschieben oder einen Einzeltermin zu erhalten (siehe auch Kapitel 3 Probleme in der Vorbereitungsphase). Dies bedarf allerdings immer der Absprache mit den Prüfern und dem Prüfungsamt.

Falls Sie die Note anfechten wollen, sollten Sie während der Prüfung einen kühlen Kopf bewahren und höflich und sachlich bleiben. Nach der Prüfung sollten Sie möglichst zeitnah als erstes das Gespräch mit den Prüfern suchen und diese informieren, dass Sie einen offiziellen Weg wählen, um das Prüfungsergebnis anzufechten. Suchen Sie dazu die Studienberatung oder eine andere Beratungsstelle auf, wenden Sie sich an das Prüfungsamt und ziehen Sie bei Bedarf einen Anwalt hinzu. Einfacher ist es natürlich, sich entweder sehr gut vorzubereiten, mit einer mittelmäßigen Note zu leben oder die Prüfung zu wiederholen. Überlegen Sie sich gut, wie viel Zeit und Energie Sie in eine Anfechtung der Note investieren wollen und können.

AUS DER PRAXIS

Es kommt ab und zu vor, dass Prüfungskandidaten, die „gerade so" bestanden haben, die Prüfer bitten, sie durchfallen zu lassen. Eine schlechte Note würde den Schnitt des Staatsexamens, Bachelor- oder Masterabschlusses so senken, dass es Schwierigkeiten bei der Jobsuche, beim Studienplatzwechsel oder der Referendariatsplatzvergabe geben könnte. Wenn die Prüfung wiederholt wird, können sich diese Prüfungskandidaten noch einmal intensiv vorbereiten und hoffen, die Prüfung im zweiten Anlauf besser zu bestehen. Dieses Vorgehen ist natürlich gewagt und die Prüfer müssen dazu auch bereit sein. Und letztendlich besteht keine Garantie, dass die zweite Prüfung besser ausfällt. Falls Sie das zweite Mal durchfallen, haben Sie meistens keine weitere Wiederholungchance. Sie sollten sich im Vorfeld bereits gut überlegt haben, ob diese Strategie für Sie in Frage kommt.

5.6   Die Rolle des Protokollanten

Die Rolle des Protokollanten ist in doppelter Hinsicht nicht zu unterschätzen. Zum einen fungiert mancher Protokollant als moralische Unterstützung, indem er mit Ihnen in Blickkontakt steht, Ihnen aufmunternd zunickt wenn Sie zögern oder Ihnen mit seiner Mimik signalisiert, dass Sie sich gerade argumentativ verrennen. Manche Protokollanten sind allerdings auch nur auf ihre Niederschrift konzentriert und vermeiden jede Interaktion mit dem Prüfungskandidaten. Es ist also Glückssache, an welche Art von Protokollant Sie geraten. Probieren Sie es in der Prüfung einfach aus, indem Sie immer mal wieder freundlichen Blickkontakt aufnehmen und ihn so in Ihre Ausführungen mit einbeziehen.

Zum anderen ist das Protokoll sehr wichtig für die Notenvergabe oder auch für eine eventuelle Anfechtung der Note. In der Niederschrift über den Prüfungsverlauf dokumentiert der Protokollant stichpunktartig die Fragen samt Antworten und bewertet diese zum Teil schon. Dabei vergibt er zwar keine Noten, macht aber meist kurze Notizen, wie zum Beispiel „Aufzählung unvollständig", „falsche Antwort", „nicht beantwortet", „eigene Beispiele vorgebracht", „Zusammenhänge sehr gut dargestellt". Ist der Protokollant sachkundig bezüglich der Prüfungsthemen können diese Bewertungen sehr detailliert ausfallen. Diese Notizen sind natürlich subjektiv und möglicherweise würde die Prüferin selbst andere Schwerpunkte setzen. Von Bedeutung wird das Protokoll häufig, wenn nicht sofort Klarheit über die Note besteht. Manch ein Prüfungskandidat verlässt den Raum, die Prüfer und der Protokollant schauen sich zustimmend an und jemand sagt etwas wie „Besser hätte man es nicht machen können!" oder „Ganz klar, das war wohl nichts – der muss noch mal kommen!". Schwieriger wird es, wenn sich die Prüferin selbst unschlüssig ist oder die Prüfer und der Protokollant unterschiedlicher Meinung über die Leistung sind. Und nun kommt das Protokoll ins Spiel, denn bei der gedanklichen Rückschau auf den Prüfungsverlauf wird der Protokollant anhand der Niederschrift rekapitulieren, an welchen Stellen der Prüfungskandidat nicht oder falsch geantwortet hat, wo er brillant argumentiert hat oder wo er von sich aus Beispiele angebracht, Zusammenhänge erläutert oder Thesen widerlegt hat.

AUS DER PRAXIS

Ich habe es häufiger erlebt, dass die Prüfer keinen guten Eindruck vom Prüfungskandidaten hatten – häufig aufgrund schlechter Selbstpräsentation – und eine mittelmäßige Note vorschlugen. Erst mit Blick auf das Protokoll konnte schwarz auf weiß nachvollzogen werden, dass der Prüfungskandidat wider Erwarten fast alle Fragen richtig beantwortet hatte. Das Protokoll kann also die Note retten!

Nehmen Sie die Chance wahr: Liefern Sie Faktenwissen für das Protokoll, bereiten Sie Ihre Sprechanteile wenn möglich gut vor und argumentieren Sie prägnant. Auch wenn der Protokollant stillschweigend dasitzt, sollten Sie ihn nicht ignorieren. Nehmen Sie beim Sprechen immer wieder mal Blickkontakt auf, lächeln Sie ihn an und geben Sie ihm das Gefühl, dass Sie auch vor ihm die Prüfung ablegen. Wenn Sie einen guten Eindruck hinterlassen, wird sich dies auch im Protokoll niederschlagen. In Härtefällen, wenn Sie zum Beispiel Ihre Note anfechten wollen, ist das Protokoll besonders wichtig, da der Verlauf der Prüfung daran rekonstruiert werden kann.

5.7   Die Note

Selbstverständlich sollte nur die Leistung benotet werden, die Sie zum aktuellen Zeitpunkt der Prüfung erbringen und die Prüfer bemühen sich im Normalfall auch um eine objektive

Einschätzung. Doch schon bei der Frage danach, was die Prüfungsleistung eigentlich ausmacht, wird es schwierig. Verschiedene Prüfer würden die gleiche Leistung höchstwahrscheinlich unterschiedlich bewerten. Die Einschätzung über die Qualität der Leistung variiert zum Teil erheblich und während die eine Prüferin schon begeistert darüber ist, wie schnell und korrekt ein Prüfungskandidat sein auswendig gelerntes Wissen runterbetet, wird die andere Prüferin nur müde gähnen und dafür bestenfalls eine mittelmäßige Note vergeben. Was für den einen Prüfer bereits eine Transferleistung darstellt, verbucht der andere Prüfer noch unter „Zusammenhänge darstellen". Es gibt keinen verbindlichen Konsens über die Kriterien der Notenvergabe, wobei manche Fachbereiche immerhin eine Art Leitfaden zur Notenvergabe verfassen. Häufig entscheiden die Prüfer über die Note intuitiv aufgrund ihrer Erfahrung und ihres Vergleichswissens.

Dabei lassen sich durchaus verschiedene Leistungsstufen ausmachen, die allerdings variabel gehandhabt werden und zudem der subjektiven Wahrnehmung unterliegen. Folgende Stufen werden oftmals angeführt, wobei mit dem niedrigsten Schwierigkeitsgrad begonnen wird:

- Reproduzieren von Faktenwissen, auswendig Gelerntes wiedergeben
- Zusammenhänge darstellen
- Transferleistungen erbringen, reflektieren und abstrahieren
- ggf. eigene Stellung beziehen und begründen

Die Einschätzung der Prüfungsleistung wird allerdings von vielen weiteren Faktoren beeinflusst, was den Prüfern meist nicht bewusst ist. Neben dem protokollierbaren, quasi messbaren, Faktenwissen spielen Ihr Auftreten und vor allem Ihre Art der Kommunikation die größte Rolle.

Die große Bedeutung Ihres Auftretens – Kleidung, gepflegtes Äußeres, optimistische Ausstrahlung, Selbstbewusstsein etc. – wurde bereits beschrieben (vgl. Kapitel 4.2 Der Prüfungstag), ebenso, wie wichtig es ist, dass Sie sich gut in Ihrer Fachsprache ausdrücken können. Natürlich werden Sie nicht automatisch eine sehr gute Note bekommen, nur weil Sie im schicken Anzug oder Kostüm erscheinen, sympathisch wirken und sehr redegewandt sind. Aber es wird Ihre Chancen definitiv erhöhen.

Weiteren Einfluss auf die Note haben ganz klar die Sprechdauer und das Sprechtempo. Es liegt auf der Hand, dass Sie bei mehr Redeanteil auch mehr Leistung zeigen können. Voraussetzung dafür ist, dass Sie die Zeit konstruktiv nutzen und die Prüfer nicht mit leeren Phrasen, ausufernden Erklärungen oder Zeit schindenden Ausführungen langweilen. Üben lässt sich eine erhöhte Sprechgeschwindigkeit und ein aktiver Kommunikationsstil allerdings nur bedingt. Wer dazu tendiert, sehr ruhig und besonnen zu reden und eher introvertiert ist, dem wird es schwer fallen, in der Prüfung plötzlich schnell zu sprechen und sehr aufgeschlossen zu sein. Dennoch lohnt sich ein kritischer Blick auf Ihr Sprechverhalten.

 ÜBUNG

Fragen Sie Freunde, Familie oder Bekannte, wie diese Ihr Sprechtempo einschätzen, ob Sie zu langsam oder zu schnell sprechen, ob sie Ihnen folgen können oder Probleme haben, Sie zu verstehen. Auch die Gruppendiskussionen eignen sich sehr gut dazu, bewusst auf das Sprechverhalten zu achten. Haben Sie Ihre persönlichen Schwachstellen überhaupt erst einmal bewusst wahrgenommen, können Sie kontinuierlich und in kleinen Schritten daran arbeiten.

Ein Phänomen, das mir immer wieder aufgefallen ist, soll noch erwähnt werden: die Tendenz zum Ausgleich. Es wird im Studium, aber auch in der Schule und in anderen prüfenden Institutionen wie selbstverständlich davon ausgegangen, dass die Noten einer sogenannten „Normalverteilung" entsprechen müssen. Das heißt, dass es eine kleine Einser-Elite gibt, ein breites Mittelfeld und ein kleines Schlusslicht mit den sehr schlechten Noten. Jeder Lehrer achtet zum Beispiel darauf, dass die vergebenen Noten in etwa dieser Normalverteilung entsprechen, denn würde er nur Einsen oder nur Fünfen vergeben, bekäme er schnell Ärger mit der Schulleitung, den Eltern und den Schülern. Ebenso würde es Probleme geben, wenn plötzlich nur noch Einserkandidaten als Juristen, Lehrer, Ärzte etc. ins Berufsleben starten würden, weil damit das wichtigste Selektionskriterium – nämlich die Note – nicht mehr zum Tragen käme.

Der Sinn der Notenvergabe liegt also nicht nur in der Rückmeldung und Bewertung der Leistung (und damit dem Vergleich mit anderen), sondern hat vor allem Selektionsfunktion. Der Schwierigkeitsgrad der Fragen wird erhöht oder reduziert, bis die erwünschte Verteilung eintritt. Es handelt sich demnach um ein Konstrukt, das wenig mit der tatsächlichen, individuellen Leistung der Einzelnen zu hat, sondern immer auf Relationen angewiesen ist. Der Maßstab, an denen die Leistungen der Prüfungskandidaten gemessen werden, sind die Prüfungsleistungen der anderen Kommilitonen, die in diesem Semester oder auch nur an diesem Tag oder Vormittag geprüft werden.

Ich habe häufig erlebt, dass an einem Vormittag durch Zufall einige sehr gute Prüfungskandidaten nacheinander an der Reihe waren. Nachdem das vierte Mal eine glatte Eins vergeben wurde, begannen wir als Prüfer zu überlegen, ob es wirklich möglich ist, dass heute alle sehr gut sind oder ob wir eine verschobene Wahrnehmung haben, zu gut gelaunt sind oder zu einfache Fragen stellen.

Dieses Phänomen ist auch umgekehrt zu beobachten: Wenn an einem Prüfungstag schon viele mittelmäßige bis schlechte

Noten vergeben wurden, dann warten die Prüfer regelrecht auf den „Silberstreif am Horizont". Selbst Prüfungskandidaten, die eigentlich zum Mittelfeld gehören, können so mit ein bisschen Glück eine gute oder sehr gute Note bekommen. Und das nur, weil Sie zur richtigen Zeit die Prüfung angetreten haben.

Unabhängig davon, ob es den Prüfern bewusst ist oder nicht, wird nach einer Reihe von sehr guten oder sehr schlechten vergebenen Noten eine Tendenz zum Ausgleich einsetzen. Die Prüfer werden den Schwierigkeitsgrad je nach Bedarf erhöhen oder reduzieren, schwierigere oder einfachere Fragen stellen und insgesamt strenger oder milder prüfen. Dies erfolgt meist unbewusst und resultiert aus der Annahme, dass auch im kleinen Umfang eines einzigen Prüfungstages eine Normalverteilung eintreten muss.

Sie selbst haben meist keinen Einfluss auf den Zeitpunkt Ihrer Prüfung und die Reihenfolge der Prüfungskandidaten. Falls Sie dennoch in der glücklichen Lage sind, ihn selbst wählen dürfen, sollten Sie folgende Kriterien beachten:

- Wählen Sie einen Zeitpunkt, zu dem Sie wach und leistungsfähig sind. Das ist bei den meisten der Vormittag.
- Vermeiden Sie sehr späte Uhrzeiten sowie die Zeiten nach dem Mittagessen. Müde Prüfer sind oft wenig engagiert und auch Sie selbst stecken wahrscheinlich in einem Leistungstief.
- Wenn Sie wählen können, sollten Sie möglichst nicht nach einem „Überflieger" in die Prüfung gehen. Es könnte schwierig werden, dieses Niveau auch zu erreichen, zudem ist der Anspruch der Prüfer nun besonders hoch. Abmildern können Sie die – wenn auch nur vermeintliche – Leistungsdifferenz,

indem Sie ein gänzlich anderes Thema wählen. So können Sie nicht direkt mit Ihrem Vorgänger verglichen werden. Voraussetzung dafür ist allerdings, dass Sie sowohl das Thema selbst auswählen können als auch wissen, wer vor Ihnen geprüft wird und wie „gut" diese Person ist.

Es dürfte deutlich geworden sein, dass die Note von vielen bewussten und unbewussten Faktoren beeinflusst wird und selten den tatsächlichen Leistungsstand widerspiegelt. Es handelt sich eher um eine von subjektiver Wahrnehmung geprägte Momentaufnahme. Ebenso gering ist der Aussagegehalt von Noten hinsichtlich des Berufserfolges. Auch wenn in vielen Berufen die Note zunächst wichtig für das Bewerbungsverfahren ist, spielen spätestens im Vorstellungsgespräch und im Berufsleben andere Faktoren eine größere Rolle. So wie auch in der mündlichen Prüfung sind für eine mögliche Einstellung und ein erfolgreiches Arbeitsleben unter anderem Fachkompetenz, sympathisches und kompetentes Auftreten, gepflegtes Äußeres, guter sprachlicher Ausdruck und Beherrschen der Fachsprache ausschlaggebend.

6. Nach der Prüfung

6.1 Analyse und Auswertung
6.2 Durchgefallen – Wie geht es weiter?

Wahrscheinlich wünschen Sie sich in der Vorbereitungsphase nichts sehnlicher, als dass diese anstrengende Zeit zu Ende geht und Sie losgelöst von allem Druck und Angstgefühlen eine rundum gelungene Prüfung feiern können. Je nachdem, ob es sich um eine „kleine", unwichtige Zwischenprüfung gehandelt hat oder ob Sie einen großen Studienabschluss vorbereitet haben: Sie mussten wahrscheinlich viele Wünsche aufschieben und Ihren Tagesablauf auf die Prüfungsvorbereitung ausrichten. Sie haben also viel investiert, um die Prüfung bestmöglich zu bestehen. Die Zeit nach der Prüfung erscheint nahezu paradiesisch, als würde ein neues, leichteres Leben beginnen.

Es ist ganz natürlich und auch motivierend, sich das „neue" Leben nach der Prüfung bildlich vorzustellen, Pläne zu schmieden und die erhoffte Leichtigkeit zu genießen. Und Sie sollen sich auch freuen! Dennoch zeigt die Erfahrung, dass die Alltagsroutine schneller Einzug nimmt als gedacht, und auch darauf sollten Sie vorbereitet sein. Nach den ersten Hochgefühlen über die bestandene Prüfung stellt sich bei vielen eine innerliche Leere oder ein emotionales Tief ein. Noch am Prüfungstag selbst fühlen sich manche Prüfungskandidaten sehr erschöpft und können weder das Gläschen Sekt vor dem Prüfungsgebäude noch die abendliche Party wirklich genießen. Sie hängen in Gedanken noch der Prüfung nach, überlegen, was besser hätte laufen können, warum der sonst so freundliche Prüfer so gemeine Fragen gestellt hat oder sie sind gedanklich schon wieder bei den nächsten Verpflichtungen. Vielleicht steht in Kürze auch schon die nächste Prüfung an. Wundern Sie sich also nicht, wenn das ersehnte Befreiungsgefühl ausbleibt. Bei manchen Menschen dauert es seine Zeit, bis auch eine emotionale Loslösung von der Prüfungs- und Vorbereitungszeit stattfindet.

Viele Prüfungskandidaten berichten, dass sie sich sehr darauf gefreut hatten, nach der Prüfung genüsslich und in Ruhe sämtliche Lernunterlagen vom Schreibtisch zu räumen, Literatur zurückzugeben und alle Spuren der Prüfung im Arbeitszimmer zu beseitigen. Sie wollten die äußeren, sichtbaren Zeichen aus den Augen haben, um so auch innerlich abschließen zu können. Wenn es dann soweit war, waren sie allerdings regelrecht blockiert, die Aufräumaktion in Angriff zu nehmen, da dies wieder mit Arbeit verbunden gewesen wäre und zudem nochmals eine Auseinandersetzung mit den Lernunterlagen hätte stattfinden müssen. Manche erzählen, dass ihnen sogar das „In-die-Hand-nehmen" der Unterlagen schon zuviel gewesen sei. Einige konnten sich erst Wochen später dazu aufraffen, den Schreibtisch aufzuräumen und die Prüfungsunterlagen zu sortieren und abzuheften.

Aufgrund dieser Erzählungen und auch aus eigener Erfahrung scheint es ein recht häufiges Phänomen zu sein, dass die emotionale Verarbeitung der anstrengenden Prüfungsphase eine gewisse Zeit dauert. Zudem stellen Prüfungen immer auch einen Abschied von einer Lebensphase dar und läuten einen noch ungewissen Neubeginn ein. Das erhoffte Befreiungsgefühl hat sich bei vielen Prüfungskandidaten meist nur kurz eingestellt und wurde schnell von neuen Herausforderungen abgelöst.

Wenn Sie bereits wissen, dass Sie nach einer Prüfungsphase nicht abschalten können, sollten Sie schon in Vorfeld etwas gegen das zu erwartende Gefühlstief unternehmen. Wie wollen Sie den Abschluss der Prüfungsphase würdigen oder feiern? Machen Sie schon jetzt konkrete Pläne für die Zeit nach der Prüfung, buchen Sie einen Urlaub, verreisen Sie ein Wochenende oder sorgen Sie anderweitig für Zerstreuung, zum

Beispiel durch einen Konzertbesuch, einen Besuch im Freizeit-park, Museum, Zoo oder was immer Ihnen gefällt.

6.1 Analyse und Auswertung

Ob die Prüfung zu Ihrer vollen Zufriedenheit verlaufen ist oder Sie durchgefallen sind – wahrscheinlich haben Sie nur wenig Lust, sich nach der Prüfung noch einmal damit zu beschäfti-gen. Dennoch möchte ich Ihnen dringend empfehlen, sich die Zeit zu nehmen, um die Prüfung Revue passieren zu lassen. Eine Prüfung, vor allem eine Abschlussprüfung, ist ein ein-schneidendes Erlebnis, das emotional verarbeitet werden muss und gleichzeitig wichtige Erkenntnisse bringen kann. Beides hilft, es das nächste Mal (noch) besser zu machen. Die wichtigste Grundlage für die Analyse bildet das Nachgespräch (vgl. Kapitel 5.5 Nachgespräch und Notenverkündung), in welchem die Prüfer die erteilte Note erläutern und begrün-den. Dies geschieht häufig eher deskriptiv, indem die Prüfer zusammenfassen, wo Sie sehr gut waren, was Sie nicht wuss-ten, an welchen Stellen Sie mit Hilfe antworten konnten etc. Falls Sie keine konkreten Hinweise auf noch verbesserungsfä-hige Aspekte bekommen, sollten Sie gezielt nachfragen. Neh-men Sie das Feedback der Prüfer ernst und gleichen Sie es mit Ihrer Selbstwahrnehmung ab.

 ÜBUNG

Rufen Sie sich die Prüfung noch einmal in allen Details in Erinnerung, und zwar nicht nur den Verlauf des Prüfungsgesprächs, sondern auch die äußeren Bedin-gungen und vor allem Ihre Gefühle und Ihr Verhalten. Alle Details können wichtig sein. Beginnen Sie zu-nächst mit der Analyse, also der Frage danach, wie die

Prüfung verlaufen ist und was genau passiert ist. Im nächsten Schritt, der Auswertung, sollten Sie möglichen Ursachen auf den Grund gehen und überlegen, welche Konsequenzen Sie daraus ziehen können. Notieren Sie sich schriftlich die wichtigsten Punkte.

- Gefühle: Wie haben Sie sich kurz vor der Prüfung, während und am Ende der Prüfung gefühlt? Welche Handlungen, Orte, Personen, Gedanken haben Sie beruhigt oder aufgeregt? Mit welchen Gefühlen haben Sie den Prüfungsraum betreten und verlassen? Haben sich Ihre Gefühle im Verlauf der Prüfung verändert?
- Verhalten und Interaktion: Wie ist die Prüfung verlaufen, wie haben Sie sich verhalten und wie lief die Interaktion mit den Prüfern?
- Kommunikation: Haben Sie das Gefühl, dass Ihr Redeanteil und die Qualität Ihrer Antworten optimal waren? Was können Sie noch verbessern und worauf würden Sie bei der nächsten Prüfung besonders achten?
- Prüfer: Haben sich die Prüfer so verhalten, wie Sie es erwartet hatten oder waren Sie von ihrem Verhalten irritiert. Haben Sie sich ernst genommen gefühlt oder wurden Sie abgefertigt? Wie haben Sie darauf reagiert?
- Note: Haben Sie die Note erhalten, die Sie angestrebt haben? Sind Sie zufrieden? Empfinden Sie die Note als gerecht?
- Können Sie die Begründung der Note nachvollziehen? Welche Kritik haben die Prüfer in der Nachbesprechung vorgebracht? Können Sie diese nachvollziehen und deckt sie sich mit Ihrer Selbstwahrnehmung?

Fragen Sie sich selbstkritisch, was Sie anders machen würden, wenn Sie die Prüfung wiederholen dürften oder müssen. Welche Konsequenzen ziehen Sie daraus für die nächste Prüfung und deren Vorbereitungsphase? Inwiefern könnten Sie Einfluss auf störende Gefühle nehmen und positive Gefühle fördern?

Erfahrungsgemäß hat eine Prüfungskandidatin, die dem eigenen Empfinden nach keine gute Prüfung abgelegt hat, aber dennoch eine gute Note erhalten hat, nicht das Bedürfnis, die Prüfung zu analysieren. Für sie ist mit der guten Note die Sache abgeschlossen. Wenn eine Prüfungskandidatin allerdings eine schlechtere Note bekommen hat, als sie sich erhofft hatte, möchte sie natürlich die Gründe dafür erfahren. Häufig spielen mehrere, verschiedene Ursachen eine Rolle. Die meisten schlecht benoteten Prüfungskandidaten:

- haben sich einfach nicht gut genug vorbereitet. Sie haben schlichtweg zu wenig gelernt, den Lernstoff unterschätzt oder die eigene Leistung überschätzt. Sie haben ungeeignete oder zu wenig Literatur verwendet, Texte nicht oder nur oberflächlich verstanden oder sind bei der Erarbeitung der Inhalte nicht systematisch vorgegangen und haben so den Überblick verloren.
- haben sich in der Prüfung nicht ideal verhalten. Sie haben ihre Redezeit nicht ausgenutzt, waren einsilbig oder haben viel geschwiegen. Manche reagieren auf schwierige Fragen auch mit unangemessenem Verhalten, werden zum Beispiel patzig oder provozieren die Prüfer.
- hatten vielleicht das Pech, dass das anspruchsvollste Thema besonders lange geprüft wurde.

Die ersten zwei Punkte können Sie beeinflussen, indem Sie sich sorgfältig vorbereiten (vgl. Kapitel 1 und 2) und sich auch mit Ihrem äußeren Erscheinungsbild und Auftreten in der Prüfung beschäftigen (vgl. Kapitel 4). Der dritte Punkt „Pech" kann ein Stück weit ausgehebelt werden, indem Sie sich so vorbereiten, dass Sie auch auf schwierige oder unerwartete Fragen flexibel antworten können (vgl. Kapitel 5).

Neben diesen Faktoren sollten Sie auch Ihre Gefühle ergründen. Vielleicht war Ihre Stimmung nach der Prüfung nicht so gut wie erhofft und Sie fühlten sich weder zufrieden noch erleichtert. Häufig sind es enttäuschte Erwartungen an sich selbst oder an die Prüfer, die die Stimmung dämpfen. Auch die Identifikation mit einer Note kann mitunter Selbstzweifel hervorrufen (vgl. Kapitel 5.7 Die Note). Vielleicht haben Kommilitonen vor Ihnen, die Sie nicht gerade für die Fleißigsten oder Klügsten halten, eine bessere Note erhalten als Sie? Vielleicht haben Sie auch das Gefühl, die Prüfer haben Ihnen keine Chance gegeben und die falschen Fragen gestellt.

Wahrscheinlich werden Sie die Frage, ob die Note nun wirklich gerechtfertigt ist und was die Prüfer von Ihnen erwartet hätten, nicht abschließend beantworten können. Dies ist für die Rückschau auf die Prüfung aber auch nicht zentral. Wenn Sie die Prüfung analysieren, sollten Sie den Blick nach vorne richten und sich fragen: Worauf habe ich Einfluss, was kann ich ändern? Denn es werden in Ihrem Leben noch einige Prüfungssituationen auf Sie zukommen und mit jeder werden Sie erfahrener, routinierter und besser werden. Sehen Sie jede Prüfung als eine Vorbereitung auf die folgende und als stetiges Wachsen an diesen Herausforderungen.

6.2   Durchgefallen – Wie geht es weiter?

Nachdem Sie Ihre Prüfung analysiert haben, sollten Sie zumindest eine grobe Vorstellung davon haben, was die Ursachen für das Nicht-Bestehen waren. Die Prüfer werden Ihnen im Nachgespräch sicherlich auch Gründe genannt haben, die Sie ernst nehmen und mit Ihrer eigenen – möglicherweise abweichenden – Wahrnehmung abgleichen sollten. Wie geht es nun weiter? Wenn es irgendwie möglich ist, sollten Sie die Prüfung wiederholen (siehe Kapitel 6.2.1: Die Wiederholungsprüfung). In Ausnahmefällen dürfen Sie die Prüfung vielleicht nicht mehr wiederholen, zum Beispiel weil Sie bereits mehrmals durchgefallen sind, oder Sie können sie aus privaten oder gesundheitlichen Gründen nicht mehr wiederholen (siehe Kapitel 6.2.2: Das Ende des Studiums?).

Bevor Sie überlegen, wie es nun weitergeht, was Sie für eine Wiederholung der Prüfung in die Wege leiten müssen und wie Sie sich dafür besser vorbereiten können, sollten Sie zunächst Ihre Gefühle der Enttäuschung in den Griff bekommen. Gönnen Sie sich ein paar Tage Selbstmitleid, Scham, Wut oder Enttäuschung und dann rappeln Sie sich wieder auf. Das Leben geht weiter, also Kopf hoch!

Es mag seltsam klingen, aber Sie haben nun einen großen Vorteil für den zweiten Durchgang. Sie wissen jetzt, was auf Sie zukommt, wie sich die Situation anfühlt und kennen Ihre Stärken und Schwächen. Ziehen Sie den größten Nutzen aus dieser Erfahrung, sowohl was Ihr Gefühlsleben betrifft, als auch die konkrete Vorbereitung für die nächste (Wiederholungs-)prüfung.

ÜBUNG

Machen Sie sich Ihre Gefühle bewusst, um mit dieser Erfahrung emotional abschließen zu können. Dass Sie enttäuscht, wütend, beschämt oder schockiert sind, ist ganz normal. Machen Sie sich klar, worüber Sie enttäuscht sind:

- über sich selbst, weil Sie das Thema unterschätzt haben, zu wenig oder falsch gelernt oder sich schlecht präsentiert haben?
- über die Prüfer, weil sie gemeine Fragen gestellt haben oder Sie unfair behandelt und benotet haben. Vielleicht war auch die Begründung der Note der Grund für Ihre Enttäuschung?
- über den Prüfungsverlauf, weil die Zeit so schnell verging, Themen nur angerissen wurden, Sie manches nicht ausführen konnten, von den Prüfern unterbrochen wurden etc.

Wenn es Ihnen gelingt, Ihre Gefühle in Worte zu fassen und zu begründen, können Sie im nächsten Schritt die Konsequenzen daraus ziehen. Sie werden sich das nächste Mal intensiver vorbereiten, im Vorfeld Kontakt mit den Prüfern aufnehmen oder sich in der Prüfung aktiver verhalten. Auch wenn Sie die Gründe für die nicht bestandene Prüfung außerhalb Ihres Einflussbereiches sehen, z.B. unfaire Prüfer, unerwartete Fragen oder ein Blackout, können Sie dennoch handeln. Einem Prüfer, der bekannt für seine gemeinen Fragen ist, kann man zumindest ein Stück weit entgegentreten, indem man sich innerlich darauf einstellt und vorbereitet (vgl. Kapitel 5) oder – ganz pragmatisch – sich einen anderen Prüfer sucht, falls dies möglich ist. Lag die Ursache bei Ihnen selbst – hatten Sie beispielsweise einen Blackout – und empfinden Sie das Durchfallen als traumatisch, so können Sie auch daran arbeiten.

Suchen Sie sich Hilfe bei einer psychologischen Beratungsstelle, lesen Sie Fachliteratur zum Thema.

 **TIPP**

Üben Sie es, schwierige Situationen zu meistern. Prüfungsähnliche Situationen verlieren Ihren Schrecken, wenn man sich an sie gewöhnt.

Ob es sich um eine Gürtelprüfung im Judo handelt, einen Gesangsvortrag vor großem Auditorium, eine Geburtstagsrede für den Patenonkel oder eine Schauspielaufführung in der Uni-Aula – Ihnen wird ein „dickeres Fell" wachsen, wenn Sie sich daran gewöhnen, vor Menschen aufzutreten. Sie werden merken, dass es keiner böse mit Ihnen meint und niemand erwartet, dass alles perfekt läuft. Vor einer Hochschulprüfung dürfen und sollen Sie natürlich ein gewisses Maß an Respekt haben, aber sie verliert ihren Schrecken, wenn Sie regelmäßig ähnliche Situationen bestehen. Auch simulierte Prüfungen, zum Beispiel in einer Lern- oder Diskussionsgruppe in der Vorbereitungsphase, können dabei helfen.

6.2.1 Die Wiederholungsprüfung

In den meisten Fällen dürfen Sie nach einmaligem, häufig sogar auch nach zweimaligem Nicht-Bestehen eine Wiederholungsprüfung antreten. Üblicherweise wird diese im nächsten Prüfungsturnus stattfinden, aber es gibt auch Regelungen, in welchen Sie die Wiederholungsprüfung innerhalb einer kürzeren Frist ablegen müssen. Sie sollten auf jeden Fall die Prüfungsordnung kennen. Klären Sie Ihren Anspruch auf eine konkrete Wiederholungsprüfung bitte frühzeitig mit der zuständigen Stelle und vor allem in rechtsverbindlicher Weise ab. Rein mündliche Auskünfte sind zwar bequem zu erhalten, aber im Fall eines personellen Wechsels oder einer geänderten Verwaltungspraxis werden Sie sich nicht darauf verlassen können.

> **TIPP**
>
> Informieren Sie sich unbedingt beim zuständigen Prüfungsamt über das formale Vorgehen und welche Fristen eingehalten werden müssen. Die Homepages der Prüfungsämter bieten Infoblätter und Vorlagen oft auch zum Download an.

Neben dem Nicht-Bestehen wegen mangelhafter Leistung können auch andere Gründe dazu führen, dass die Prüfung als „nicht bestanden" gewertet wird. Wenn Sie zu einer angemeldeten Prüfung nicht erscheinen, diese nicht innerhalb der Prüfungsfrist ablegen oder die Prüfung im Verlauf abbrechen, gilt die Prüfung als „nicht bestanden".

Wenn Sie beispielsweise am Morgen vor der Prüfung plötzlich krank werden und einen Arzt aufsuchen müssen, sollten Sie – wenn möglich – kurz telefonisch im Prüfungsamt oder auch direkt bei den Prüfern Bescheid geben. Dies ist zwar freiwillig und nicht verpflichtend, hilft den Beteiligten aber, den Tagesablauf der anderen Prüfungen besser planen zu können. Besonders wichtig ist, dass Sie dem Prüfungsamt sobald wie möglich triftige Gründe für Ihr Fernbleiben oder für den Abbruch der Prüfung schriftlich mitteilen und vor allem glaubhaft machen. Bei einer Krankheit kann dies ein ärztliches Attest sein, das normalerweise innerhalb von drei Tagen vorgelegt werden muss (vgl. Kapitel 3.5). Wenn Sie die Prüfung aus psychischen Gründen abbrechen, kann ein Attest, das Ihnen rückwirkend eine körperliche oder seelische Erkrankung bestätigt, unter Umständen anerkannt werden. Beachten Sie dabei, dass bestimmte ärztliche Diagnosen einer späteren Verbeamtung im Wege stehen könnten. Meist finden Sie Online-Vorlagen für Atteste auf der Homepage des Prüfungsamtes. Beachten Sie bitte auch, dass es Gründe gibt, die viele Prüfungsämter nicht als triftig anerkennen. Dazu zählen Probleme mit dem Computer oder Behinderungen auf dem Weg zur Prüfung, z.B. durch Stau oder verspätete Züge, aber auch die Angabe, dass Sie unter Prüfungsangst leiden (vgl. Kapitel 3.4).

Bei Schicksalsschlägen, wie zum Beispiel dem Tod eines nahen Angehörigen oder unvorhersehbaren familiären Belastungen, zum Beispiel erkrankten Kindern, kann schriftlich ein Antrag auf Fristverlängerung gestellt werden. Wenn das Prüfungsamt die Begründungen als triftig anerkennt, steht einer Wiederholung formal gesehen nichts mehr im Wege.

6.2.2 Das Ende des Studiums?

Es kann aus verschiedenen Gründen passieren, dass das Nicht-Bestehen der Prüfung gleichzeitig das Ende Ihres Studiums und damit Ihres Berufsziels bedeutet. Vielleicht dürfen Sie die Prüfung nicht mehr wiederholen, weil Sie mehrfach durchgefallen sind. Vielleicht haben Sie sich auch nach reiflicher Überlegung ganz bewusst dazu entschlossen, die Prüfung nicht mehr zu wiederholen und das Studium abzubrechen. Möglicherweise gibt es auch ernste gesundheitliche, finanzielle oder familiäre Gründe, die eine Wiederholung schlichtweg nicht zulassen. Damit endet für Sie ein beruflicher Weg, aber es eröffnen sich auch Alternativen. Sobald Sie die Enttäuschung, vielleicht auch Scham oder Wut, über Ihr nicht erreichtes Studienziel akzeptiert haben, können Sie eine neue Lebensperspektive entwickeln und ein neues Berufsziel anstreben. Sie können zum Beispiel:

- in einem verwandten Fachgebiet bleiben und sich möglicherweise einige Scheine, Praktika und andere Leistungen anrechnen lassen. Dies kann die „neue" Studienzeit erheblich verkürzen.
- ein völlig neues Fachgebiet aussuchen und ganz von vorne beginnen, falls Ihr Alter, Ihre finanziellen Mittel und Ihre Lebenssituation dies zulassen.
- den Fokus ändern, indem Sie ein theorielastiges Universitätsstudium durch ein praxisorientiertes FH-Studium ablösen. Auch hier werden frühere Studienleistungen unter Umständen anerkannt.
- eine praktische Ausbildung beginnen. Sofern diese in einem verwandten Fachgebiet angesiedelt ist, wird Ihnen Ihr Studium sehr hilfreich und ggf. auch eine Verkürzung der Ausbildungszeit verhandelbar sein.
- ein Fernstudium beginnen, das Sie beispielsweise auch neben einer Berufstätigkeit aufnehmen können.

TIPP

Falls Sie unschlüssig sind, welchen Weg Sie nun einschlagen sollen oder falls Sie noch Informationen sammeln möchten, hilft Ihnen die Studien- oder Berufsberatung. Die meisten Hochschulen und Universitäten, aber auch die Arbeitsagenturen und andere Institutionen bieten Beratungen an.

Zu guter Letzt: viel Erfolg!

Sie haben diesen Ratgeber nun teilweise oder ganz gelesen, einige Anleitungen, Tipps und Empfehlungen umgesetzt und sich auf die bevorstehende mündliche Prüfung vorbereitet. Kurz vor dem Prüfungstermin beschleicht viele Prüfungskandidaten trotz gründlicher Vorbereitung das Gefühl, noch nicht genug gelernt zu haben. In den meisten Fällen ist dies der steigenden Nervosität geschuldet und sagt nichts über Ihr tatsächliches Prüfungswissen aus. Machen Sie sich bewusst, dass Sie sich umfassend vorbereitet haben und nun gut gerüstet in die Prüfung gehen. Am Ende zählt neben einer gründlichen Vorbereitung vor allem eines: Ihr Selbstvertrauen! Betreten Sie den Prüfungsraum also selbstbewusst und optimistisch, mit dem Wissen darüber, was Sie alles können. Nach wenigen Minuten des Prüfungsgesprächs werden Sie so in der Materie versunken sein, dass die Zeit wie im Flug vergeht. Und wenn die Prüfung vorüber ist, werden Sie sich wundern, warum Sie zuvor überhaupt so nervös waren…

In diesem Sinne wünsche ich Ihnen viel Erfolg für die bevorstehende Prüfung und alle Prüfungen, die Sie in Ihrem Leben noch meistern werden!

Nina Meister

Literaturverzeichnis

Asgodom, Sabine (2003): Eigenlob stimmt. Erfolg durch Selbst-PR. München

Buzan, Tony (1993): Kopftraining. Anleitung zum kreativen Denken. München

Charbel, Ariane (2005): Top vorbereitet in die mündliche Prüfung. Nürnberg

Esselborn-Krumbiegel, Helga (2007): Leichter lernen. Strategien für Prüfung und Examen. Paderborn

Franck, Norbert (2002): Fit fürs Studium. Erfolgreich reden, lesen, schreiben. München

Geisselhart, Roland u.a.(2011): Gedächtnistraining. Freiburg

Knigge-Illner, Helga (2010): Prüfungsangst besiegen. Frankfurt a. M.

Metzig, Werner; Schuster, Martin (2009): Prüfungsangst und Lampenfieber. Heidelberg

Püschel, Edith (2010): Selbstmanagement und Zeitplanung. Paderborn

Rückert, Hans-Werner (2011): Schluss mit dem ewigen Aufschieben. Frankfurt a. M.

Seiwert, Lothar (2009): Noch mehr Zeit für das Wesentliche. Zeitmanagement neu entdecken. München

Steiner, Verena (2013): Konzentration leicht gemacht: Die wirksamsten Methoden für Studium, Beruf und Alltag. Zürich

Steiner, Verena (2011): Energiekompetenz. Zürich